MÃE

HUGO GONÇALVES

Mãe

COMPANHIA DAS LETRAS

A editora manteve a grafia vigente em Portugal, observando as regras do Acordo Ortográfico da Língua Portuguesa de 1990.

Capa
Tereza Bettinardi

Revisão
Luciane H. Gomide
Thiago Passos

Dados Internacionais de Catalogação na Publicação (CIP)
(Câmara Brasileira do Livro, SP, Brasil)

Gonçalves, Hugo
Mãe / Hugo Gonçalves. — 1ª ed. — São Paulo : Companhia das Letras, 2021.

ISBN 978-65-5921-085-5

1. Ficção brasileira I. Título.

21-62468 CDD-B869.3

Índice para catálogo sistemático:
1. Ficção : Literatura brasileira B869.3

Maria Alice Ferreira – Bibliotecária – CRB-8/7964

[2021]

EDITORA SCHWARCZ S.A.
Rua Bandeira Paulista, 702, cj. 32
04532-002 — São Paulo — SP
Telefone: (11) 3707-3500
www.companhiadasletras.com.br
www.blogdacompanhia.com.br
facebook.com/companhiadasletras
instagram.com/companhiadasletras
twitter.com/cialetras

Agora,
nem o vento move as cortinas desta casa.
O silêncio é como uma pedra imensa,
encostada à garganta.

JOSÉ AGOSTINHO BAPTISTA

Esta é a viagem que faço para contar-vos a verdade, aquela que sempre soube que teria de fazer. Uma viagem é uma viagem porque não sabemos o que vamos encontrar no caminho ou o que faremos com aquilo que descobrirmos — nem o que aquilo que descobrirmos irá fazer conosco.

JAMES BALDWIN

Um homem é um homem, um bicho é um bicho, corta-se-lhe o rabo e fica rabicho.

AVÓ MARGARIDA

Com a exceção do nome da mãe, todos os outros foram alterados. Mas este é um relato verdadeiro, ainda que, na tentativa de fazer sentido, a nossa memória seja tantas vezes imaginação.

1

Nos picos da Macaronésia vi um avião

No dia 13 de março de 1985, uma amiga da minha mãe esperou que eu chegasse do colégio e, após aliviar-me do peso da mochila, diante da porta de minha casa, disse: "Sabes que a tua mãe estava a sofrer, não sabes? Ela agora já não está a sofrer mais".

A minha mãe chamava-se Rosa Maria e morrera de madrugada, com trinta e dois anos, num hospital em Londres, a dois mil quilómetros dos filhos. Não fui ao velório, ao funeral ou à missa do sétimo dia. Nunca ninguém me disse: "A tua mãe morreu de cancro", tal como antes ninguém me dissera: "A tua mãe tem cancro".

Quando regressei ao apartamento onde vivíamos, após uma semana em casa de amigos da família, fui investigar todas as divisões, queria confirmar que a minha mãe não morrera, que se tratava de uma partida dos adultos, de um erro que podia ser revertido. Mas ela não estava lá. Nunca mais esteve.

Em 2015, a minha avó materna entregou-me o testamento do meu avô dentro de um saco de plástico. Estávamos na cozinha de sua casa, onde tantas vezes almoçáramos em família, mas agora éramos apenas a viúva e o órfão que faziam a transferência das agruras e dos subterfúgios que passam de geração em geração.

Imaginei que a entrega daquela pasta com documentos era uma espécie de ritual de crescimento que, além de assinalar as mudanças recentes na minha vida — o regresso a Lisboa, após vários anos a morar no Brasil, e o fim do meu casamento —, impunha também uma constatação inadiável: com trinta e nove anos, eu passara o arco da existência em que já não fantasiamos exclusivamente com o futuro e somos compelidos a entender o passado.

Naquele gesto da avó Margarida, além do simbolismo que eu lhe atribuía, havia também algo de corriqueiro, como se eu fosse ainda a criança a quem ela mandava fazer recados. O alívio com que os seus dedos se soltaram do saco de plástico, tal como o cabelo despenteado e o copo da dentadura em cima da bancada da cozinha, fez-me suspeitar que ela nunca olhara sequer para os papéis. Com oitenta e um anos, tendo já passado pela morte do marido e de dois filhos, era possível que se atribuísse o direito de delegar nos mais novos os deveres burocráticos da família. Conheceu o meu avô quando tinha dezasseis anos. Em mais de seis décadas de vida em comum, descobriu-lhe uma amante de longa duração, falsificou a sua assinatura em cheques e empurrou-o numa cadeira de rodas. Mas agora o drama esgotara-se. E o que tinha de acontecer já acontecera. O avô Daniel tinha morrido três anos antes. Para a minha avó, não havia nenhum volte-face dentro daquele saco. Para mim, tampouco. Não esperava encontrar revelações, heranças ou pistas sobre um enigma genealógico. Ainda assim, sabia que a viagem de regresso ao dia 13 de março de 1985 começaria quando abrisse aquele saco de plástico.

Foi o que fiz hoje, um ano depois de o ter recebido. No interior, além do testamento, está a certidão de nascimento do meu tio Jorge, irmão mais novo da minha mãe, na qual consta que ele nasceu no primeiro dia de 1965. Há dois averbamentos a registar nesse papel:

1) O seu casamento, em 1990,

e:

2) "Faleceu em 25 de janeiro de 1997, na freguesia de Faro."

Encontro ainda dentro do saco:

1) A escritura da casa onde vive a minha avó.

2) Em vez da caligrafia do meu avô, demasiado doente para escrever o seu nome no testamento, está uma impressão digital e a frase, escrita pela notária: "O testador disse não conseguir assinar".

3) Fotocópias do cartão de cidadão — do meu, do meu irmão Pedro — onde alguém escreveu a lápis: "Netos (a mãe, filha do falecido, já faleceu)".

Nenhuma novidade, há mais de trinta anos que somos os filhos da "mãe que já faleceu".

Fico a saber que a minha avó nasceu na freguesia de Nevogilde, concelho do Porto, em 1934, e o meu avô na freguesia de Salir, concelho de Loulé, em 1930.

Mortes e nascimentos. A vida em papéis de cartório sem que se possa saber muito mais do que datas ou lugares. Porém, na certidão de nascimento do meu tio está escrito: "neto paterno de pai incógnito". O que significa que o avô Daniel talvez nunca tenha conhecido o pai e que as palavras "pai incógnito" apareceram no seu bilhete de identidade a vida inteira.

Uma vez, no hospital, em mais uma consulta na Ortopedia por causa do cancro na tíbia, ele dissera-me, com fúria: "Se é para ficar sem uma perna, mais vale pôr uma corda ao pescoço". Uma semana antes de me mudar para o Brasil, em 2011, e cinco meses antes da sua morte, vi-o numa cadeira de rodas, de pijama e magro, já não o mestre calceteiro que passara anos a partir pedras com as mãos que me pareciam tornos. Nessa visita, transmitiu-me uma variante da promessa que fizera no hospital. "Mais vale pôr uma corda ao pescoço." Só que, em vez de uma afirmação de dignidade, a frase soou como uma súplica. Seria a última vez que nos víamos.

(Manhãs e tardes no Hospital de Santa Maria, o meu avô mostrando-me as manchas na perna, carne escura e morta, a falência do corpo que melhor anunciava o desaire da velhice, as suas perguntas constantes quando passávamos horas na sala de espera, a aversão que tinha à doença dos outros pacientes.

O médico que nos recebeu usava gel no cabelo e um relógio dourado no pulso. Via dezenas de casos por dia, num hospital público, e foi perentório: "Temos de amputar". O pulso do meu avô tremeu ao assinar a autorização para a cirurgia, a caneta caiu-lhe dos dedos, "Estou um bocadinho nervoso", e o seu sorriso mal disfarçava o pavor — já não o meu avô, mas um miúdo rogando clemência. O médico deu-lhe outra caneta, agora mais próximo, "Vai ver que é melhor assim, senhor Daniel", e a caligrafia infantil da assinatura formou-se na linha picotada, dois nomes próprios, a azul, e o apelido que também era da minha mãe, que é meu ainda.)

Certo dia, um telefone tocou no Rio de Janeiro e o meu irmão mais velho disse-me: "O avô morreu".

Tal como anos antes me ligara para dizer: "O tio Jorge morreu".

Tal como a amiga da minha mãe, numa tarde de inverno de 1985, me disse: "Sabes que a tua mãe estava a sofrer, não sabes?".

No testamento não há heranças ou revelações. Mas, como suspeitava, esse tornou-se o pretexto para iniciar a viagem. Durante mais de trinta anos, a minha curiosidade esteve virada para fora: o trabalho como jornalista, os anos a morar no estrangeiro, a fabulação do amor romântico, do sexo casual e das drogas, a incapacidade de ficar muito tempo no mesmo sítio, até mesmo o ilusionismo da escrita. Tinha de perseguir tudo o que me pudesse desprender do puxão gravitacional que era a ausência da minha mãe — não apenas a doença, a morte ou o luto, mas a minha mãe inteira, apagada de uma só vez. Em nossa casa, foram desaparecendo as suas fotografias, a roupa, a voz, o cheiro, e hoje não tenho um só objeto que ela tivesse tocado. O pai viúvo e os dois filhos jamais falariam da mulher que perderam. Cada um com a sua dor — calada, escondida, tão inominável como, em tempos, fora a doença dela.

Não terá sido por acaso que, com dezassete ou dezoito anos, ao descobrir *O estrangeiro*, de Albert Camus, a frase de abertura parecesse uma biografia da minha desorientação e afastamento.

"Hoje, a mãe morreu. Ou talvez ontem, não sei bem." Li essa frase uma e outra vez, como quem não consegue parar de chupar o sangue de um corte no dedo. É que, embora soubesse o dia, o mês e o ano da morte da minha mãe, essa parecia ser a única certeza. Uma data. Tudo o resto fora obliterado por um rolo compressor que deixara apenas a escuridão que precede e sucede a consciência.

Não sabia quanto tempo ela estivera doente ou internada num hospital em Londres. Durante anos, não tive uma fotografia da minha mãe ou algo que lhe pertencesse, nem sequer esse devaneio de crer que as partículas da sua pele estariam nalgum colar ou na gola de um casaco e que poderia tocá-las, ser pele da sua pele.

Posso ainda lembrar-me de como ela pedia para os filhos segurarem o punho da camisola interior, quando nos vestia uma camisa, ou da vez em que caí num lago artificial, antes de uma sessão no Cinema Oxford, e ela correu para uma loja de roupa de crianças a fim de me livrar do embaraço. Mas, desde cedo, a sua voz passou a ser como uma estação de rádio engolida pela estática e que eu tinha cada vez mais dificuldade em sintonizar. O rosto estagnou nas feições das fotografias, no retrato usado na campa e no obituário de jornal. Roupa, joias, uma escova de cabelo — desapareceu tudo nos meses após a sua morte. Uma operação de limpeza, executada pelos adultos, que era também uma missão de salvamento.

A avó Margarida açambarcava os despojos materiais da filha, escondia-os ou levava-os para sua casa, queria-a só para si. O meu pai, na beira do precipício de uma depressão, precisava de lançar a carga do luto borda fora, desmontar as armadilhas que um sapato ou um estojo de maquilhagem da mulher podiam abrir no caminho de um homem de quarenta e um anos com dois filhos pequenos para criar.

"Hoje, a mãe morreu. Ou talvez ontem, não sei bem. Recebi um telegrama do asilo: 'Sua mãe falecida. Enterro amanhã. Sentidos pêsames'. Isto não quer dizer nada. Talvez tenha sido ontem."

Na incerteza de Meursault — o narrador do livro de Camus —, eu via a minha própria incerteza e o meu desprendimento. Não sabia quase nada, julgando que a ignorância e a erosão da memória seriam a minha melhor defesa, a única possibilidade de sobrevivência. Também eu me sentia um estrangeiro, alguém removido do evento mais definidor da sua vida.

Amanhã apanho um avião. Tenho como destino uma ilha. E é por causa dessa ilha que esta tarde visito a avó Margarida, na casa onde me entregou o testamento, nos arredores de Lisboa. Em cima da moto em andamento, posso ver a casa no topo da colina, como tantas vezes antes, mas agora ninguém assomando à janela, esperando os netos para o almoço, porque a minha avó estará sentada diante da televisão, procurando no ecrã a companhia que as fotografias dos mortos já não conseguem dar-lhe — um irmão, dois filhos, um marido: trombose, cancro, sida e cancro. E agora, que o meu avô morreu, a casa também se extingue, um legado de velhice, que acelera a velhice da minha avó e que se manifesta na muleta para as suas pernas diabéticas (a mesma que o meu avô usava antes de lhe amputarem a perna), nos remédios para o coração, no assobio de algo a esvaziar-se sempre que ela sobe mais de três degraus ou no seu choro quando, há uns meses, me ligou porque o gato comera uma bisnaga de veneno para as pulgas.

(Devia ter uns nove anos quando encontrei a minha avó na varanda, afogando uma ninhada de cães recém-nascidos no tanque de cimento. Disse-me: "É melhor assim". Depois colocou-os num saco do lixo e foi despejá-los no contentor da rua. Tantos anos mais tarde, são agora dois cães e um gato, que sobreviveu ao veneno das pulgas, a sua companhia mais constante.)

A porta da rua está sempre destrancada e, ao abri-la, chamo: "Vó?". Cruzo o corredor com as fotografias dos mortos, reparando na peste negra do estuque, escutando o volume alto da televisão, até que oiço: "Estou aqui". Entro na cozinha e ela mostra-me, orgulhosa, o frigorífico que conseguiu comprar com a sua pequena reforma. A brancura do eletrodoméstico contrasta com a gaiola e o aquário, ambos vazios, e com o quadro a óleo, de uma natureza-morta, com peças de caça e espingardas. O relógio de parede já não dá as horas, mas o seu mecanismo parece funcionar sempre que um pingo se despenha da torneira no lava-loiças.

A avó Margarida está sentada diante de um prato de carne, cenouras e batatas. Pergunta-me se quero almoçar, digo que não, estou com pressa, tenho de terminar um trabalho, viajo no dia seguinte.

"A tua prima contou-me que já não estás com a tua mulher", diz ela. "E também sei que o teu irmão se divorciou. Não tenho nada a ver com isso, só quero que estejam bem."

"Estamos bem."

E ficamos em silêncio, ela mastigando o seu almoço com os dentes postiços enquanto eu olho para o aquário vazio e para a muleta encostada à parede. O gato sai da cozinha e o vento sacode os caixilhos na janela onde vejo a curva da estrada que me levará a casa. Na despedida, junto ao portão do quintal, faço, por fim, a pergunta que me trouxe aqui:

"Lembras-te da primeira vez que os pais viajaram e nos deixaram contigo? Para onde é que foram?"

"Para a Madeira", responde ela. "Ligavam lá para casa todas as manhãs e tu pedias à tua mãe para te trazerem um avião. Dizias que era para a levares contigo na próxima viagem."

Trata-se de uma coincidência que queria confirmar, nada mais do que uma coincidência, mas amanhã também eu viajo para a ilha da Madeira, numas férias marcadas há meses. Em universos vastos e complexos, eventos improváveis ocorrem frequentemente. Aproveito a generosidade do acaso. Se o testamento do meu avô foi o ponto de partida, a Madeira será o primeiro destino.

Na sala de embarque, vejo o airbus que acabou de voar mais de mil quilómetros sobre o Atlântico. Em breve, novos viajantes, dos quais faço parte, percorrerão, no mesmo aparelho, a rota contrária sobre a vastidão do oceano. Lá fora, na pista, os carros com atrelados transportam dezenas de malas, em cada uma delas um ecossistema de objetos que, se decifrados, nos dariam pistas sobre a multiplicidade dos seus proprietários: T-shirts velhas, com buracos, que são também relíquias de umas férias antigas; cabelos de quimioterapia numa escova, uma caixa vazia da pílula do dia seguinte, livros anotados e cuecas transpiradas no ginásio — toda a massa orgânica e toda a matéria impalpável dos passageiros cujas caras perscruto na sala de embarque, tentando adivinhar nelas um regresso ou uma evasão, um começo ou um testamento, julgando-me assim próximo de uma compreensão mais clara, se não mesmo sentimental, do que é esta incumbência duríssima e esplendorosa de estar vivo.

Entro no avião e, quando descolamos, dou-me conta de que algo se desenlaça. Pela janela, espreito as estradas e os campos, a amplitude do rio estendendo-se sob as duas pontes que atam as margens. Sinto que a altitude e a velocidade desalojam as placas da consciência, libertando uma torrente de imagens. Lembro-me da minha mãe numa fotografia tirada na ilha que vou visitar agora. Está maquilhada, com sombra verde nas pálpebras, batom vermelho, e tem um vestido com flores. Sorri para a câmara. Penso:

a minha mãe era bonita? Eu, que durante anos julguei ver a salvação na beleza feminina, nunca fui capaz de dizer que a minha mãe era bonita. Por vezes, mostrava uma fotografia a uma namorada e ouvia: "Ela era bonita", mas achei sempre que se tratava da piedade com que as mulheres lidavam com aquele homem ao descobrirem que ele era ainda um miúdo órfão de oito anos.

Desde cedo conheci essa comiseração feminina. No dia em que regressei à escola, depois do funeral da minha mãe, uma rapariga alta, de óculos e cabelo curto, que ainda usava um bibe de creche quando toda a gente já vestia calças de ganga, aproximou-se de mim: "Eu sei o que aconteceu". E aquilo que era um desajeitado gesto de carinho pareceu-me muito mais uma ofensa: "A professora contou-nos. Nós sabemos". Tinha sido exposto em público no intervalo da manhã. Todos sabiam agora o meu ponto fraco, o meu segredo. Sentia-me menos do que fora antes, como se descobrissem que tinha uma perna prostética e que jamais voltaria a ser inteiro. No recreio do almoço, durante um jogo de futebol, respondi a uma rasteira de um colega com uma tentativa de estrangulamento. Foi preciso o contínuo para me afastar — a primeira de muitas vezes em que a raiva tomou o lugar da tristeza, tentando abafá-la.

Uns minutos depois, a severidade da professora terá sido mitigada pela minha condição de órfão recente. Não fui castigado. Começava aí a contradição que passou a fazer parte de quem sou: a morte da minha mãe deixou-me um nódulo de obscuridade e vazio, o mesmo nódulo que, afinal, fazia de mim o menino diferente que eu queria ser. Se ficara sem mãe tão cedo, se todos os outros rapazes e raparigas tinham o que me faltava, então, algo me era devido como contrapartida. Queria as melhores notas, os elogios da professora, o golo mais espetacular no jogo do recreio, qualquer coisa que escondesse a deformação de ser o único aluno, na escola primária, que não tinha mãe.

Essa foi a minha identidade clandestina durante muitos anos. Se fazia novos amigos, evitava contar-lhes que ela morrera. Se as suas mães preparavam lanches ou os abraçavam, eu jamais revelava desencanto ou inveja, porque a ideia de ser solitário era o meu selo de singularidade. Não me interessava muito pelo cuidado que as outras mães pudessem ter comigo, talvez porque soubesse que nunca o poderia ter completamente. A ternura começava a parecer-me estranha, se não mesmo desconfortável. O toque das mães dos outros incomodava-me, como se fossem impostoras, dando-me uma esmola enquanto usurpavam as funções da minha mãe — e se ela regressasse um dia? Mas o que mais me afastava desse carinho era a forma como sentia que olhavam para mim, aquilo que jamais se mencionava, mas que estava sempre presente: a pena do miúdo que não tinha mãe, o medo de que, um dia, os seus filhos fossem como eu.

Quando, de manhã bem cedo, o paquete em que embarco para a ilha do Porto Santo deixa atrás de si um rasto de espuma, e observo ao longe o avião que se prepara para aterrar, percebo que esta viagem é o prelúdio de uma viagem maior. Embora não acredite que os acasos têm um propósito, a verdade é que busco pistas para ir à procura da minha mãe. Por exemplo: o avião miniatura que vi na loja duty-free no aeroporto, igual ao brinquedo que ela me trouxe da Madeira no início dos anos 1980. Ou agora, na praia do Porto Santo, quando olho para a coxa direita e reparo que a cicatriz, que ali esteve durante tanto tempo, desapareceu há pelo menos uma década.

Tinha cinco ou seis anos quando, na manhã que inaugurava as férias grandes, a minha mãe preparava a nossa mudança temporária para o Algarve, onde passaríamos o verão com os avós maternos. Havia malas abertas e ela engomava a roupa sobre a cama.

Em algum momento, saiu do quarto, deixando o ferro na vertical, e eu desatei aos pulos no colchão. O ferro saltou e queimou-me a perna. Nas semanas seguintes, foi ela quem me mudou o penso e passou a pomada cicatrizante, soprando na ferida como eu lhe pedia. Em criança, em adolescente, durante muitos anos, detestei essa cicatriz na coxa, castanha e sórdida. Sentia vergonha quando, sem roupa, e aproveitando a intimidade da cama, uma mulher se sentia tentada a percorrê-la com os dedos. Ou seria antes o constrangimento de ver alguém a indagar o meu segredo? Depois, a cicatriz foi desbotando, até se apagar por completo. Aquilo que descubro agora, ao olhar para a coxa, numa praia do Porto Santo, não é tão óbvio como julguei. Não se trata apenas da forma como o tempo, todos os vestígios da minha mãe, mesmo aqueles queimados na carne, esvanecem em mim. Não escrevo este livro para construir um relicário em forma de monumento. Escrevo para deixar de fugir.

Quando, em meu mudo e doce pensamento, chamo à lembrança coisas que passaram

Durante muito tempo, tratou-se apenas de uma memória sem contexto: eu, com oito anos, debaixo da cama dos meus pais, espreitando a pequena televisão que ficava junto da janela. Lembro-me da luz de fim de tarde de inverno naquele quarto — uma luz mastigada pelas nuvens, pelo cimento dos prédios. Numa das conversas com a minha avó, ela disse: "Tu entravas no quarto muito devagarinho e enfiavas-te debaixo da cama só para estares perto dela. Às vezes, a tua mãe dizia-me: 'Tira o menino daí, que ele adormeceu'. No fim, ela já não queria estar com ninguém, afastava toda a gente, não queria que os filhos a vissem naquele estado".

De imediato, a memória — o miúdo debaixo da cama para estar mais perto da mãe, a luz angustiante de um fim de tarde de chuva e de radioterapia — ganhou um enquadramento, e lembrei-me do jogo que inventava após a escola. Eu era um espião e tinha de arrastar-me, como os soldados miniatura que o meu pai nos comprava na papelaria, de forma a entrar no quarto sem que ela desse por isso. Também recordo que a natureza furtiva da missão era sabotada, por mim, pouco tempo depois de me instalar debaixo da cama. Respirava pesadamente, roçava os pés na alcatifa, fazia sons com a boca, esperando assim ser descoberto e que ela me chamasse para junto de si. Temia incomodá-la, causar-lhe mais dor, mas precisava que me convocasse para junto da sua pele.

"No fim, ela já não te queria a ti nem ao teu irmão", disse a minha avó, e contou que, certa tarde, o Pedro, que tinha doze anos, chegara do colégio com um colar de missangas ao pescoço. "Ele apareceu na cozinha a chorar e perguntei-lhe o que se tinha passado. 'Não fiz nada, avó, só abri a porta do quarto para ver a mãe, mas ela começou a gritar comigo por causa do colar.' Estas doenças, já se sabe... odeia-se as pessoas de quem mais se gosta. E a tua mãe estava muito doente. Já não era ela."

Tentei confirmar a história com o meu irmão, que diz não se lembrar dessa tarde. E, ainda que a memória da minha avó possa estar contaminada pelo exagero, a verdade é que o despudor das suas palavras — "No fim, ela já não te queria a ti nem ao teu irmão" — parece-me tão incontestável como as suas platitudes sobre o comportamento humano: "Estas doenças, já se sabe... odeia-se as pessoas de quem mais se gosta".

Com oito anos, eu não compreendia o que estava a acontecer, mas escutava palavras como "útero", "tumor", "hemorragia", "raspagem", "maligno" e suspeitava de como tudo podia terminar. Por isso, rastejava para debaixo da cama da minha mãe, acreditando que as minhas qualidades de agente secreto seriam indispensáveis no momento — e esse momento chegaria — em que teria de salvá-la. Se conseguisse enfiar a bola de ténis entre o reposteiro e a parede, três vezes seguidas, deus compensaria o meu talento atlético apagando as metástases. Se andasse pela casa de joelhos, esfolando a pele, as minhas feridas substituiriam as da minha mãe. Mas, com certeza descrente quanto ao mérito da minha influência, contava sempre com a magia de outros cúmplices — Jesus Cristo, Nossa Senhora ou o doutor e milagreiro Sousa Martins, que aparecia nas pagelas de oração da minha avó.

Não era o único a acreditar na eficácia desses desafios. O meu irmão confessou-me que fazia promessas enquanto jogava *Pac-Man*.

"Eu pensava: 'Se passar este nível, a mãe não morre'."

"Sabias que ela ia morrer?", perguntei-lhe.

"Sim, sabia."

Para combater o mistério da doença, eu tinha o sobrenatural e a ficção. Tanto acreditava em Luke Skywalker como no busto do milagreiro padre Cruz, sobre a mesa de cabeceira do quarto de hóspedes. Cada prece, cada artefato mágico — fosse o martelo do Thor ou o livro de orações da minha avó — reiteravam a certeza de que havia algo que suspenderia as leis da Natureza, restaurando tudo o que estava estragado.

Levanto-me agora para procurar esse livrinho de orações no estaleiro da memória em que se tornou o meu escritório. Na capa, leio *Família forte e unida*. Encontro a "Oração do doente": "Ofereço-Vos os momentos em que me parece que estou abandonado de todos e também os momentos em que cuidam de mim". Na página seguinte, está a "Oração dos pequeninos": "Ó Jesus, guardai-me de todos os perigos, defendei-me de todo o mal".

Na estante, procuro o livro *Mortalidade*, de Christopher Hitchens, escrito enquanto o autor se debatia com um cancro. Vou direto ao posfácio, escrito pela sua mulher, e à passagem na qual ela relata uma visita ao marido, no hospital, na companhia da filha pequena, que se agachou para ver uma abelha no chão: "[A minha filha] está assustada, abana a cabeça para trás e para a frente, como se dissesse: 'Não, não, não'. 'A abelha parou', diz ela. E depois dá-me uma ordem: 'Faz com que viva'. Nessa altura, ela achava que eu tinha o poder de reanimar os mortos. Não me lembro do que lhe disse sobre a abelha. Mas lembro-me bem das palavras: 'Faz com que viva'".

Tal como o Capitão América e o Homem-Aranha nos meus livros de banda desenhada, na minha cabeça também Jesus tinha superpoderes, caminhava sobre a água, ressuscitava os mortos, curava os cegos. Porém, quando lhe pedi, de joelhos e livrinho na mão, "Não deixes a minha mãe morrer", talvez ele estivesse ocupado a morrer na cruz e a ressuscitar três dias depois, sentando-se ao lado direito do pai, para sempre na companhia da sua mãe, enquanto escutava todas as aleluias gloriosas em vez das orações das crianças.

"Ó Jesus, guardai-me de todos os perigos, defendei-me de todo o mal."

E, ainda assim, a abelha morreu.

Christopher Hitchens morreu.

A minha mãe morreu.

Porque, durante décadas, não tive coragem para fazer certas perguntas ao meu pai, pedi-lhe para se encontrar comigo uns dias antes de emigrar para o Brasil. Quanto tempo esteve ela doente? Quanto tempo passou no hospital, em Londres? Em que ano nasceu? Como se conheceram? Até que o meu pai disse algo que eu nunca contemplara: "Vocês eram muito próximos. Estavas sempre de volta dela. Quando acordavas durante a noite, só querias a tua mãe. Para ela, tu eras o bebé, o filho mais novo. Eras o menino da tua mãe".

O amor de um filho pequeno pela sua mãe: egoísta, exclusivo, dependente e ardiloso, porque não dispensava a posse e a atenção frequente. Quando descobri, tantos anos após a sua morte, que tudo aquilo existira, pude sentir-me, pela primeira vez, o menino da minha mãe, já não o rapaz esperneando e gritando para que ela me fosse buscar à cama, mas o adulto menos espatifado, mais inteiro. Como se, por fim, me dessem algo que me era devido, mas que antes eu nem sequer sabia fazer-me falta.

Percorro as ruas devagar. Há mais de trinta anos que não estava aqui. Embora este sítio seja igual a tantos outros subúrbios de prédios-caixote e sucursais de bancos que já foram mercearias, o reconhecimento é imediato. Tal como então, há uma placidez de aldeia a meio da tarde, quando todos os miúdos estavam na escola e a minha mãe saía comigo, a fim de comprar a linha para subir a bainha das calças que eu herdara do meu irmão. Sei que, se virar à esquerda, encontrarei o prédio onde vivi até aos seis anos. Não consigo identificá-lo imediatamente na fileira de edifícios com a tinta carcomida. Todas as persianas estão fechadas. Não há roupa nos estendais ferrugentos. Os sons na rua têm a relevância do silêncio. O cão que ladra duas vezes. O vento nas árvores, crescendo e morrendo. O rasto do comboio que se vai apagando. Não me lembro da voz da minha mãe. Mas estes são os mesmos sons dessas tardes, quando caminhávamos de mãos dadas.

Também não me lembro do número da porta ou do andar. Talvez o segundo. Esquerdo ou direito? Tínhamos uma vizinha costureira e outra que fazia salgados e os vendia para fora. Nas escadas cheirava a fritos. Um dia, a minha mãe abriu a porta e duas mulheres pediam ajuda para os afetados pelo terramoto nos Açores. Vê-la na ombreira, com uma pilha de roupa para doação, é talvez a minha primeira memória. Tinha três anos e cinco meses.

O terramoto aconteceu em janeiro de 1980 e, em dezembro do mesmo ano, a minha mãe chorava na sala, diante de uma televisão a preto e branco que transmitia o funeral do primeiro-ministro Sá Carneiro.

Quando o meu irmão entrou para a primeira classe, eu tinha dois anos e, até aos seis, passaria os dias inteiros com ela. Milhares de horas de convivência exclusiva, as primeiras palavras, lanches de pastelaria e uma linguagem só nossa, um amor cheio de mundanidade e lugares-comuns, eu sentado na retrete a gritar "Mãe, já fiz", a palavra "mãe" repetida e alongada vezes sem conta, com a urgência que só os filhos conseguem — "mãããããã-eeeee". Mas e os beijos? Os abraços? As sestas na mesma cama? Quantas colheres de açúcar nas papas do pequeno-almoço? Como era a sua assinatura num bilhete para a professora? Pintava o cabelo de castanho ou de ruivo? E as unhas? Usava perfume e maquilhagem? Alguma vez a vi dançar? Tinha uma coleção de discos? Que elementos da Natureza se manifestavam no cheiro do seu hálito quando estava próxima? Adormeci ao seu colo, no sofá, quando víamos televisão? Gritava os meus dois nomes próprios sempre que se zangava comigo? Não sei. Tal como a voz dela, grande parte da nossa vida em comum foi apagada.

Na rua onde vivi emerge agora a hipótese de um amor de que não me lembro, mas que com certeza existiu. De manhã à noite, éramos só os dois. O menino que pertence à sua mãe. Presumo que eu acreditasse, como costuma acontecer com as crianças, que o medo e a dor seriam sempre curados pelas suas mãos. Se tinha tosse, ela passava-me Vick no peito. Todas as noites, levava-nos leite com mel à cama. Os seus dedos cataram os piolhos que apanhei na escola. Mas, por mais que tente unir as memórias com a linha de um enredo e uma finalidade, a vida mais real é sempre a vivida — não a recordada ou a intuída. E essa, que deveras aconteceu, mas da qual pouco ou nada me lembro, não a posso recuperar.

Olho para um ninho de andorinhas sob uma das marquises do prédio. Envolvido por este silêncio antigo, na rua da minha infância, tenho agora a certeza de que a minha mãe puxava de um banco da cozinha e o colocava junto da janela para que eu pudesse ver as andorinhas equilibradas no fio de eletricidade. Talvez seja apenas imaginação. Ou talvez este lugar tenha, de fato, trazido à tona os despojos do que antes era inacessível. De uma maneira ou de outra, tudo isto me parece tão verdadeiro como a minha comoção ao ver o ninho abandonado. Mãe e filho. Os dois na janela que tem agora os caixilhos podres e as persianas fechadas. E nos fios de eletricidade, que esta tarde balançam ao vento, nem uma andorinha.

No verão em que fiz seis anos e estava prestes a iniciar a primeira classe, mudámo-nos para uma casa maior. O novo bairro ficava no outro lado da linha de comboio e era mais recente. Havia uma luminosidade festiva nas montras das lojas e nas pastelarias lotadas. O apartamento ficava num edifício acabado de construir. Todo o piso térreo era um centro comercial, num tempo em que ainda eram raros. Iniciava-se um período mais próspero e moderno para a família. Comprámos uma aparelhagem Pioneer, um sofá em couro, uma televisão a cores Salora, e a minha mãe tirou a carta. Com a aquisição de um Mini usado, a frota familiar cresceu para dois veículos. O meu irmão e eu jogávamos Videopac, uma consola pioneira onde, numa ranhura, se enfiavam os cartuchos dos jogos como no painel de navegação de um foguete espacial. Antes de dormir, já com a luz apagada, fingíamos que as nossas camas eram naves orbitando ao redor da Terra. Acreditávamos estar já no futuro das séries de televisão passadas no espaço, quando todos poderíamos viver para sempre.

Estaciono agora a moto diante do centro comercial. Olho para o primeiro andar, para a janela da cozinha onde a minha mãe ficava a ver-nos enquanto esperávamos pela carrinha da escola. As cortinas brancas, ligeiramente abertas, permitem um vislumbre dos azulejos na parede. Imagino a minha mãe a fechar as cortinas assim que a carrinha da escola nos apanhava, recuando para uma cozinha silenciosa, levantando a loiça do pequeno-almoço enquanto revia as tarefas da manhã, movendo-se por uma casa sem crianças pela primeira vez numa década. O que acontecia assim que a carrinha arrancava e a minha mãe desaparecia atrás das cortinas? O que fazia ela nas horas em que não estávamos? Em que manhã, de que mês, saiu de casa e apanhou o comboio para receber a notícia?

No apartamento, no hospital, se ia com a minha avó ao cabeleireiro, ninguém dizia a palavra "cancro". Sentia o temor dos adultos, como se a mera vocalização da palavra maldita — algumas vezes substituída pelo eufemismo falhado "coisa ruim" — pudesse ser a génese de um tumor na boca. O cancro era um prenúncio de peste, o anátema e a excomungação. Se referido, não deixaria ninguém intocado.

(A palavra "oncologia" deriva de *onkos*, grego antigo para "fardo", servindo também para designar as máscaras usadas nas representações das tragédias gregas, às quais se atava um peso para conferir à personagem a ideia de um transtorno físico.)

Aonde quer que eu fosse, a doença não era mencionada. No entanto, estava em todo o lado. A palavra "cancro" era tão intrigante e perigosa como aquelas que eu ouvira num disco de vinil do meu irmão Pedro.

Essas miúdas das escolas secundárias
Já fumam ganzas na paragem do elétrico
Conversas parvas com mais buço que pentelho
Não dizem duas quando estão ao pé de ti

Questionei o meu irmão: "O que é um pentelho? O que é uma ganza?".

Ele riu. "Vai perguntar à mãe".

E eu fui.

Nessa tarde, perguntei à minha mãe: "O que é um pentelho? O que é uma ganza?".

Não me lembro do que respondeu, mas nunca lhe perguntei: "O que é um cancro?".

Muito mais intrigante do que uma gaveta trancada ou aquilo que acontecia nos jantares do casino, para os quais a minha mãe vestia sempre o casaco de peles, o cancro era o grande mistério dos adultos. Tudo o que era dito sobre a doença, entredentes, para que as crianças não ouvissem, ou a sugestão da minha avó para que a minha mãe fosse consultada por uma espírita eram pistas de um quebra-cabeça que, embora impulsionado a resolver, eu não queria de fato desvendar.

Nos vários estudos que li sobre o comportamento de crianças com pais doentes, consta com frequência que os miúdos lidam com a ansiedade separando as suas vidas em duas esferas, a zona do cancro e a zona livre, e que usam a imaginação como estratégia de defesa. É verdade que, desde que a doença da minha mãe fora diagnosticada, existia a zona do cancro e a zona livre, mas nenhuma delas me parecia real.

A doença era uma criatura incorpórea, capaz de atravessar paredes e que, face ao insucesso da medicina, só podia ser combatida com mezinhas, bruxarias, preces e promessas. O hospital era um lugar gasoso, como se iluminado por velas. E eu transformava o elevador num carrossel de feira, andando para cima e para baixo, esperando que, quando as portas abrissem, não estivesse apenas noutro piso do hospital, mas num futuro em que as metástases fossem tão obsoletas como os carros sem asas.

Nesse mundo, havia personagens como o Toca, um conhecido da avó Margarida cujas capacidades mediúnicas lhe permitiam ver a doença da minha mãe, através da carne, e fazer diagnósticos positivos. E aconteciam coisas inexplicáveis, como quando passámos pela bruxa do bairro, com a minha mãe ao volante do Mini, e o íman de Nossa Senhora saltou do tabliê. "Cruzes canhoto", disse ela, ou pelo menos julgo ter dito, e essa é uma das únicas frases que guardo na escassez do seu legado oral.

Cruzes canhoto. O íman com Nossa Senhora. Um elevador mágico.

Mas não me lembro de como ela dizia o meu nome.

Eu tinha uma disposição para, com os meus feitos físicos e teatralidade, captar a atenção dos adultos, contar-lhes anedotas, fazer a minha mãe rir e trazê-la de volta para a zona livre.

("O teu pai era engraçado, mas a tua mãe era muito séria", disse-me a avó Margarida.)

Hoje, só as fotografias garantem que a minha mãe tenha sorrido. Há algures um filme em super-8, feito pelo meu pai, no qual faço macacadas enquanto espero pela carrinha do colégio. Ela não aparece no filme, e, no entanto, imagino que estaria na janela da cozinha, sorrindo antes de desaparecer atrás das cortinas para a zona do cancro.

Em algum momento, a minha mãe passou a viver apenas na zona do cancro. Remissão e metástases, esperança e sentença. O êxito da primeira operação dissipava-se após as tareias da radioterapia. O apetite surpreendente, certa manhã, era seguido de uma hemorragia de madrugada. "Tragam os meus filhos." "Não quero ninguém no quarto." Durante quase dois anos, depois de várias cirurgias e internamentos, o seu corpo foi tão fantoche da vontade como súdito da resignação.

"Ela estava dias sem ir à casa de banho, sofria muito. Uma

vez, pus um cobertor e uma almofada em cima dos azulejos, e ela ficou ali horas deitada", contou-me a minha avó, despertando em mim a mesma determinação com que certos filhos decidem lavar e vestir o cadáver dos pais, como se só assim, sem nojo ou vergonha, pudessem recuperar a proximidade, pele com pele, que em criança tinham com eles. Suponho que foi a primeira vez que contemplei, sem a salvaguarda da fantasia, que a minha mãe era uma mulher de trinta anos a quem administraram anestesias gerais, fizeram raspagens, tiraram o útero e colocaram cateteres nas veias doridas. Uma mulher que perdeu a libido e que vomitava após os tratamentos, deitada num cobertor, no chão de uma casa de banho, pedindo ajuda para se sentar na sanita.

Em algum momento, a minha mãe, com dois filhos e casada havia doze anos, saiu de um consultório sabendo que tinha cancro.

Em algum momento, eu teria de deixar de a ver com os olhos de um miúdo.

Telefono a uma amiga médica e pergunto:

"Como é que tenho acesso à ficha clínica de alguém que já morreu?"

Procuro na internet a localização do hospital, em Lisboa, onde a minha mãe foi operada para remoção do útero. Quero voltar a subir e a descer no elevador. Quero pedir um dossiê clínico com mais de trinta anos. Entre os resultados da minha busca, encontro uma notícia: "Hospital Particular: destino incerto para milhares de ficheiros de doentes. Unidade em Lisboa foi declarada insolvente depois de falhadas as negociações com os credores".

Nos últimos meses, falei com a minha avó e visitei os bairros onde a família morou. Há o registo, num caderno de capa gasta, da conversa que tive com o meu pai antes de embarcar para o

Brasil. Noutro caderno, cresce uma bibliografia com títulos sobre o cancro e o luto, a enumeração dos lugares que quero revisitar e das pessoas a quem tenho de fazer perguntas. No computador, acumulam-se estudos médicos, artigos sobre o cancro do útero e dos intestinos, textos de psicólogos e cientistas, publicados em revistas especializadas e edições académicas. Preciso de descobrir as cassetes com a voz da minha mãe e os desenhos que o meu pai, dias antes da morte, fez do seu rosto.

Apesar de saber que o hospital fechou, escrevo no caderno: "Encontrar ficha médica". Também escrevo: "O que acontece a uma mulher de trinta anos quando descobre que tem cancro? Quem era a mulher antes da doença? A mulher, não a mãe". Depois acrescento: "Quem era ela antes de ser tua mãe?".

Umas semanas antes de embarcar para o Brasil, no apartamento do meu irmão Pedro, pedi-lhe para fazer uma cópia da fotografia da nossa mãe, que ele tinha na sala. Não era difícil perceber por que, durante tantos anos, em tantas casas, nunca tivera comigo uma fotografia dela. Tratava-se de legítima defesa. Mas a partida para outro continente, a antevisão da distância da família, os avós paternos mortos, um avô materno com cancro e um pai a aproximar-se dos setenta atiçavam em mim a necessidade de enfrentar aquilo que andara a evitar, pulando de país em país, de cidade em cidade, enquanto dizia que a minha vida cabia em duas malas. Hoje sei que o desapego pelos objetos, tal como o fato de os apartamentos onde morei serem modestos e mal decorados, se deve tanto à falta de dinheiro como a uma ilusão de liberdade. Podia partir, a qualquer momento, sem bagagem ou mobília.

Essa fotografia esteve exposta numa estante, num apartamento do Rio de Janeiro, durante quatro anos. Um dia, a minha mulher olhou para a imagem a preto e branco: "Ela era tão nova".

Na fotografia, a minha mãe não terá mais de dezoito anos. Veste uma camisa clara e um colete preto. Os cabelos são lisos e lustrosos como um disco de vinil. Não olha para a câmara, mas ligeiramente para cima, como lhe terá instruído o fotógrafo. Sorri, julgando-se atriz de teatro ou pensando num namorado a quem oferecer a fotografia.

Quando quis angariar histórias sobre a infância e a juventude daquela rapariga a preto e branco, a minha avó não conseguiu dar-me senão traços gerais: "refilona, nariz empinado, sempre séria, não passava cartão a ninguém; adorava andar bem vestida, preferia ter uma saia boa do que três más, mas trabalhava muito para isso, era poupada; ia com a madrinha do crisma aos armazéns do Chiado e da Praça da Figueira escolher roupas modernas; quando saíam as modas, ela era a primeira a comprar; e não dava abébias aos rapazes nos bailes".

Teve apenas um namorado antes do meu pai, o Apolinário, que ocupava as folgas a passar-lhe a ferro o cabelo molhado, protegido por folhas de papel vegetal.

Quando fiz trinta e três anos, e nos aniversários seguintes, contemplei a aberração de ser mais velho do que alguma vez ela fora. Mas até ao dia em que, no Rio de Janeiro, a minha mulher comentou a fotografia, eu só conseguira imaginá-la como a mãe que morrera de cancro, jamais como a miúda que passava o cabelo a ferro e que dançou com o meu pai num baile aonde ele nem sequer queria ir.

Para atravessar contigo o deserto do mundo

Numa tarde de 1970, o meu pai começou por dizer não. Um dos seus amigos, sem carro, queria ir a um baile. Precisava de boleia e jurou que a rapariga com quem marcara um encontro levaria uma amiga chamada Rosa Maria. No baile a que não queria ir, o meu pai dançou a noite inteira com a minha mãe. Perguntei-lhe o que vira naquela miúda de dezoito anos, com cabelo engomado, de tinteiro negro. A sua resposta — simples, honesta, juvenil — terá sido a mesma que me teria dado nessa noite de 1970: "Ela era bonita. A tua mãe era uma mulher muito bonita".

Quando os meus pais se conheceram, ele já vivera em Paris e fizera três anos de tropa, grande parte desse tempo em Luanda, onde, apesar do paludismo que o agrilhoara à cama com febres altas e lhe mirrara os músculos, também aproveitou a vida exuberante dos trópicos. Cabarés, esplanadas, namoros. Em vez de histórias de bombardeamentos de napalm ou minas explodindo na picada, o humor de caserna, os soldados que transportaram a cama de um magala ressonador para o meio da parada onde só acordaria com o toque de alvorada; ou o amigo do meu pai, a quem chamavam Maluco e Meio, treinando cabeçadas nas portas e fazendo-se acompanhar sempre de uma granada de mão; e o telescópio que usavam para ver mulheres nuas nos prédios de Luanda; a criança que o meu pai salvou de afogar-se na praia, as cartas para as namoradas, que os camaradas lhe pediam para escrever por causa da sua caligrafia desenhada.

Antes de ser chamado para a guerra, o meu pai cruzara a fronteira a salto e tentara chegar a Londres, onde já estavam vários amigos. Quando chegou a Port Calais, para atravessar o Canal da Mancha, não o deixaram seguir. Nesse dia, uns pedreiros portugueses partilharam com ele o bacalhau das marmitas. Passou alguns meses a trabalhar num supermercado parisiense, esperando conseguir uma abertura na muralha da alfândega. Quando percebeu que isso não aconteceria, regressou a Portugal e foi enviado para Angola num barco com mais de mil soldados e gangues de ratazanas, onde se escutava música clássica nos altifalantes, ao anoitecer, e ele se espantava com os peixes voadores, saltando ao lado do navio, criaturas míticas com asas de prata.

Tendo crescido em Cascais, havia no meu pai, e nos seus amigos, um pendor de modernidade e de vida litoral, com motos rodando junto ao mar, verões com palmeiras e as festas das filhas dos engenheiros americanos que construíam a ponte sobre o Tejo. As bifas, os camones, os expatriados da nobreza europeia, as escandinavas e o arrojo dos seus biquínis; as boates que exigiam sapatos finos, e o ginásio de pesos e halteres onde os amigos competiam entre si para ver quem levantava mais quilos na barra de supino; ou as raparigas portuguesas, de vestidos pelos joelhos, a quem era preciso pedir autorização para dançar, trocadas pelas americanas que faziam broches nos bancos de trás dos carros.

O avô Domingos servia na Guarda Fiscal e trabalhava como caseiro numa mansão de férias. Vivia com a minha avó e os dois filhos na propriedade, numa casa pequena que só tinha luz elétrica, com a ajuda de um gerador a gasóleo, quando os patrões passavam ali os meses de verão. No resto do ano, havia apenas velas e candeeiros a petróleo. Para ir e vir da escola primária, o meu pai tinha de caminhar dez quilómetros. No regresso a casa, apanhava polvos nas rochas, que levava para serem cozinhados pela mãe. A minha avó limpava a mansão, a minha tia trabalhava como costureira. E o meu avô queria que o filho estudasse num bom colégio. Conseguiu inscrevê-lo nos Salesianos do Estoril, frequentado pelos herdeiros das famílias influentes mas também por alguns miúdos cujos pais, como o meu avô, estavam pouco acima da linha de privação que terraplanava Portugal.

Há uma fotografia do meu pai, encostado a um carro, em que não deve ter mais de dezoito anos. Mãos nos bolsos das calças, cabelo com popa à Elvis, os bíceps cingidos pelo tecido da camisa e, a seu lado, o amigo a quem chamavam James Dean. Podia ser o cartaz do concerto de uma banda que tocava covers em bailes de associações recreativas da Costa do Sol.

Noutra fotografia, o meu pai desbrava a vegetação e o calor angolano com uma catana. O seu tronco nu furando o mato, os músculos cinzelados como para exibição num museu florentino. Mas também o seu sorriso, a autenticidade desprevenida no instante em que alguém apertou o botão da máquina e captou a crença daquele rapaz na supremacia da beleza, do prazer e do talento que ele acreditava que o levaria longe.

Certa tarde, a avó Margarida chegou a casa e o armário da minha mãe estava vazio. Um vizinho contou que um homem tinha ido buscar a Rosa num carro. O meu tio Jorge, então uma criança, cúmplice no plano secreto, confessou que havia vários dias a irmã ia levando as suas coisas quando saía para trabalhar na fábrica da Johnson. A avó Margarida prosseguiu com os interrogatórios, desta vez a uma amiga da minha mãe, e ficou a saber-se da existência de um namorado que levava a Rosa a passear de carro a Sintra e às praias da Arrábida.

Nessa noite, enquanto a minha avó apresentava queixa por rapto numa esquadra de polícia, o meu pai adormeceu ao volante, com a minha mãe no banco do pendura, e o carro ficou de patas para o ar, entalado entre duas árvores, a meio caminho do hotel onde tinham reservado um quarto para dormirem na mesma cama pela primeira vez.

Nunca pensei em engrandecer a história dos meus pais à luz do amor romântico da ficção. O que sentiam um pelo outro não deverá ter sido diferente do que sentiam tantos casais daquela idade, naquele tempo. Mesmo agora, quando poderia sentir-me tentado a embelezar aquilo que desconheço, não consigo atribuir--lhes o arrebatamento de uma tragédia — ainda que ela tenha morrido — ou sequer novelizar essa paixão inicial entre estranhos que julgam conhecer-se desde sempre. No entanto, a prudência não me impede de presumir que só pode ter sido por amor que aceitaram as consequências daquilo em que se iam tornar aos olhos da família e da moral da época: uma rapariga de dezoito anos, fugida da casa dos pais para ir viver com um homem de vinte e seis, casado pela Igreja e separado da mulher.

Eu já era adulto quando ele me contou que se casara após chegar de Luanda. Foi uma união curta e tumultuosa, com uma mulher obsessivamente ciumenta, que ameaçava matar-se e lhe atirava a roupa pela janela. Porque casara pela Igreja, não podia divorciar-se, e, ainda que me tenha contado isso sem sentimentalismos, pude perceber a angústia que sentira quando a Rosa Maria ficou a saber do seu estado civil.

A minha mãe era orgulhosa, capaz de não trocar uma palavra com a minha avó durante semanas; um tanto conservadora nos princípios, distante no trato, intolerante com os desvios de conduta, talvez crente de que, de fato, não há segundas oportunidades para que o caráter cause primeiras impressões. Por isso, acredito que só pode ter sido por amor que, depois de ouvir o meu pai confessar ser casado, ela o tenha punido com uma semana de silêncio, para depois o informar de que, numa data escolhida por si, iriam fugir e viver juntos.

Julgo que a minha mãe terá visto nele uma promessa de progresso, a antítese do provincianismo do lugar onde ela crescera. O meu pai, mais velho, estudara na escola artística António Arroio, ouvia discos trazidos do estrangeiro e falava francês. Morava sozinho, tinha carro e um emprego num ateliê de arquitetos, pintava quadros a óleo, desenhava a namorada a caneta, e com rigor fotográfico, nas toalhas de papel dos restaurantes. Nadava grandes distâncias no mar e posava para as fotografias como os culturistas. Vigor físico e camisas bem passadas, *aftershave* e a certeza num destino glorioso. Imagino-os como tantos outros casais, tomados pelo transe da paixão, parando diante de uma montra, a caminho do cinema, encantados com o reflexo no vidro, o meu pai dizendo aquilo que a minha mãe não seria capaz: "Fazemos um casal bonito".

O teu pai era engraçado, mas a tua mãe era muito séria.

O cuidado com que ele lhe abria a porta do automóvel ou a sua caligrafia de desenhador, nos bilhetes que lhe deixava na mala, nada tinham a ver com os gritos da minha avó e o seu desgoverno doméstico. Muito menos o senso de responsabilidade que o meu pai professava e que, anos mais tarde, se revelaria na exigência que punha no aproveitamento escolar dos filhos, na imposição das horas a que tínhamos de chegar a casa, nos aforismos que, de tantas vezes ouvidos, jamais esqueceremos: "Há três coisas com que não se brinca: bancos, impostos e polícia".

Talvez aquilo que cativou a minha mãe tenha sido a oportunidade de ordem e de uma vida com menos dramaturgia de faca e alguidar, uma convivência distinta daquela que tinha em casa dos pais. Mais apreço, mais respeito e menos discussões que podiam ser ouvidas na rua. Mais sensatez e menos ameaças de morte. Discutir e intimidar eram tradições da minha família materna. Lembro-me de ouvir o avô Daniel garantir ao filho mais novo, fumador de heroína e incapaz de manter um emprego, que havia de o furar com uma forquilha. Quando a minha mãe tinha catorze anos, a avó Margarida quis espetar-lhe uma faca de cozinha na barriga.

Porque era pouco mais velha do que a filha, ou porque a beleza, a independência e a juventude da Rosa lhe recordavam o seu cativeiro familiar desde os dezasseis anos — três filhos, um marido, pobreza, refeições ao lume e roupa para esfregar no tanque —, o conflito com a filha era um ajuste de contas com a vida. Perseguia-a com tenacidade, não tanto numa tentativa de educar, de estabelecer referências e princípios, mas cumprindo essa crença — tão comum entre progenitores — de que, ao acossar continuamente os filhos, os endurecem para os desaires que também eles irão conhecer.

O exercício de perscrutar com rigor a biografia dos nossos antepassados ficará sempre aquém. Mas, quando morrem tão novos, torna-se um jogo de palpites. O tempo que passei com o meu pai permitiu-me colecionar relatos sobre o miúdo que ele foi quando brincava com os filhos dos outros guardas fiscais, caminhando do Forte dos Oitavos para a escola, até que o meu avô consertou uma bicicleta velha, relegada pelos patrões; ou sobre a tarde em que viu o ator Vasco Santana sair de um carro com motorista para esticar as pernas e inalar o iodo do oceano; a noite em que, com cinco anos e febril, viu (ou julgou ver) o meu avô a tirar-lhe os ovos de um inseto do calcanhar, usando uma agulha, enquanto ele, no colo da minha avó, perguntava: "Vou morrer, mãe? Vou morrer?". Há até várias fotografias do meu pai em pequeno. (Numa delas, o fotógrafo retocou-lhe os olhos com lápis preto, o que o faz parecer um mágico de circo.) Mas não me lembro de ver uma só fotografia da minha mãe em criança. Jamais pude fazer-lhe perguntas sobre a sua infância e a sua adolescência. A reconstituição desses anos está dependente da precariedade da memória da minha avó, da reserva nas palavras do meu pai: "Era uma mulher bonita". Tento imaginá-la adolescente, trocando a roupa de trabalho na fábrica por um vestido que a fizesse parecer mais adulta. Posso até vê-la a dançar no baile com o meu pai; ou a caminho da praia, no lugar do pendura, num carro que serpenteava pela Serra da Arrábida. Mas isso, mais do que ficção, seria mentira. E só a verdade me serve, mesmo que seja a verdade de saber tão pouco.

Quando a minha mãe morreu, não anulou apenas o futuro que teríamos juntos, eliminou também o meu acesso a tudo o que ela tinha sido até então.

Nas conversas que tive com a avó Margarida, é evidente o tom conciliatório com todos os seus mortos. Olha para a fotografia do meu tio Jorge e diz: "Que estejas em paz". Aponta para a fotografia do meu avô e diz: "Está tudo desculpado". Assinala o temperamento grave da minha mãe e diz: "Ó filha, perdoa-me, pelas cinco chagas de Cristo". Mas, quando me diz que discutia muito com ela apenas porque eram parecidas, talvez procure uma comunhão que não existiu. Como tantos outros pais, a minha avó acredita que os filhos são uma réplica dos progenitores e, dessa maneira, são também sua propriedade.

Mas a avó Margarida era esbanjadora e barulhenta, prosperava na confusão e no espalhafato, mostrava-se permissiva com os filhos rapazes e inflexível com a filha. Já a minha mãe era prudente nos gastos e contida nos carinhos, entusiasta da disciplina e da organização doméstica; lembro-me do silêncio quando estávamos só os dois em casa, ela na sala, regando as plantas, eu no chão do quarto, brincando com carrinhos; tal como recordo a intransigência com que, certa tarde, cancelou o meu lanche, não permitindo que me levantasse da mesa sem terminar uma cópia.

Estou seguro de que mãe e filha não podiam ser iguais, porque a filha, durante anos, construiu a personalidade em oposição a tudo o que a oprimia na mãe. Sair de casa aos dezoito anos era mais do que um golpe de soberania. Na decisão de fugir com um homem casado e mais velho, havia também uma promessa de autenticidade e libertação. A Rosa não seria apenas, e para sempre, a filha da Margarida.

"Eu era bruta com a tua mãe, estava sempre a ralhar, a gritar. Mas ela também era respondona", diz-me a minha avó. "No dia depois do acidente de carro, quando tinham fugido, ela apareceu lá em casa com o teu pai e disse-me: 'Tu foste culpada, nunca me tentaste compreender, só me tratavas mal'. Olha, filho, se eu já estava com peso na consciência, com mais peso fiquei."

Numa tarde de 1974, num supermercado dos arredores de Paris, a minha mãe, grávida do que deveria ser o segundo filho, sentiu o sangue a escorrer-lhe pelas pernas. Não sabia falar francês. O marido estava no trabalho. Só ao final do dia, quando ele chegou a casa, chamaram a ambulância que a levaria ao hospital.

Depois de uma temporada a viver numa pequena casa em Cascais, tinham embarcado para França, onde o meu pai arranjara um emprego como desenhador numa empresa de construção. No primeiro dia, ainda à experiência, testaram-no, pedindo que projetasse um parque de estacionamento de camiões. Os colegas foram-se juntando ao seu redor, impressionados com a arte e precisão da caligrafia do português. Daí em diante, além de fazer projetos, era chamado para escrever todas as legendas. Nesse episódio, contado pelo meu pai, há uma espécie de justiça e orgulho reparador, algo que o país onde ele crescera não reconhecia.

O meu irmão Pedro nascera dois anos antes da ida para Paris e não é difícil especular sobre o que terá levado um casal jovem, com um filho pequeno, a sair de um Portugal exangue pela guerra, pela pobreza e pela ignorância de quase meio século de ditadura.

Talvez caia agora na armadilha de tentar preencher lacunas cronológicas quando sei que o vazio será sempre parte desta tarefa de indagar o que os outros foram num tempo que já não existe. O que achamos que teve importância na vida dos nossos familiares nem sequer será, com frequência, aquilo que eles consideram relevante. Por exemplo, quando perguntei à minha avó Margarida por que o seu pai a abandonara, ela disse apenas, desapaixonadamente, como se lesse uma nota de rodapé, sem juízos morais ou deduções psicoterapêuticas: "Naquele tempo era assim. As pessoas faziam os filhos e iam embora".

A minha mãe perdeu o bebé e, em 1975, a família regressou a Portugal. O meu pai queria ter ficado porque, quando se mudara para Paris, sentira que tinha viajado para o futuro. Retroceder ao lugar de partida era isso mesmo: andar para trás no tempo. O fim da ditadura não extinguira o anacronismo de um país analfabeto onde ainda se passava fome. Uma revolução não era um passe de magia. Mesmo com todas as promessas cantadas — paz, pão, habitação, saúde e educação —, a democracia era ainda um desarranjo de dogmatismo ideológico e ameaças de guerra civil. Esquerda e direita, cada qual com as suas utopias e cartilhas sentimentais, não seduziam o meu pai. Tampouco a preservação do império colonial ou a luta armada do proletariado para levar adiante a reforma agrária. Imagino que três anos de serviço militar tivessem esgotado o seu espírito de missão patriótica. O compromisso era com a família e consigo mesmo. Ser pai, marido, desenhador, pintor de quadros a óleo. Receber um salário e o reconhecimento da sua prestação numa empresa parisiense. Em breve pouparia para começar o curso de arquitetura. Talvez essa temporada em França tenha sido a primeira vez que sentiu que, graças aos sacrifícios, as circunstâncias da sua vida estavam finalmente em harmonia com o que ele considerava ser o seu potencial.

Mas a minha mãe preferiu regressar porque, ainda que não conhecesse nada sobre as sequelas psicológicas de um aborto espontâneo, sabia-se pelo menos triste — uma enfermidade de ânimo, que se alastrara a partir do útero e que engrandecia a lonjura e o frio de um bairro dormitório. É possível que a solidão na periferia de uma grande cidade estrangeira agravasse a ameaça de uma depressão. Talvez, quando o meu pai saía para o emprego, deixando-lhe pela frente um dia inteiro de solidão, a passagem das horas fosse tão impiedosa como a memória do sangue escorrendo-lhe pelas pernas — a primeira de muitas hemorragias. Quando penso nesse tempo, imagino a minha mãe de costas, na sala de um apartamento com alcatifa e poucos móveis. Não está lá o meu pai nem o meu irmão. Ela procura algo mais além do próprio reflexo na janela. Temos os olhos perdidos num ponto vazio entre prédios macilentos e chaminés industriais. Como se vive na casa onde perdemos um filho?

Certamente aconteceram discussões, trocas de argumentos sobre permanecer ou partir, como sucede a todos os casais perante tamanha decisão. O meu pai sempre foi um homem de levar avante a sua vontade, mesmo que para isso fosse necessário desconsiderar a vontade dos outros, mostrando uma intransigência com as interpretações do mundo que não coincidissem com as suas. Se a fibra que tece a sua personalidade é prova da perseverança face às vicissitudes — vendeu na rua os quadros que pintava para pôr comida na mesa, pagou as dívidas do meu avô Domingos ao banco, empenhou tudo o que tinha para cobrir as despesas médicas da mulher, não deixou que a viuvez o danificasse definitivamente ou o impedisse de formar uma nova família —, também é verdade que essa obstinação esteve na origem de muitos conflitos.

Hoje, com a distância que o tempo e a escrita permitem, acredito que o amor da minha mãe terá sido o grande desmantelador da teimosia do marido, capaz até de reformar a maquinaria complexa do narcisismo. Tantas vezes ouvi a avó Margarida dizer: "O teu pai fez tudo para salvar a tua mãe, só não lhe deu a vida porque não podia". E essa é uma verdade para a qual nunca considerei haver contestação. Ter dito ao meu pai, antes de embarcar para o Brasil, que estava grato por tudo o que ele fizera pela minha mãe pode ter-lhe parecido desnecessário — para ele, afinal, não haveria outra maneira de fazer as coisas. Mas talvez houvesse nas minhas palavras, dias antes de partir para outro continente, uma esperança de que essa verdade óbvia, se dita em voz alta, fosse tão poderosa que lhe permitisse sentir, apesar das nossas desavenças, que eu não era um opositor, mas um lugar-comum: o miúdo em busca da aceitação do pai, o rapaz que quer ser visto como um homem — *este sou eu, acredita em mim, reconhece o meu valor*.

Em algum momento, nos arredores de Paris, ele terá chegado a casa, já noite escura, pousado a pasta de couro no chão, para encontrar mais uma vez a silhueta da mulher na esquadria da janela, sabendo que ela olhava, mais além do cimento e das luzes da autoestrada, para algo que tinha de conceder-lhe: o horizonte de um regresso.

Nesse retorno, os seus piores receios confirmaram-se. No Portugal do Plano Revolucionário em Curso, das nacionalizações, da descolonização, o meu pai não conseguiu encontrar emprego como desenhador e acabou a trabalhar no restaurante que o meu avô Daniel abrira no Algarve. A sua caligrafia e o traço preciso passaram a ser usados num bloco para apontar os pedidos da clientela feita de pedreiros e serventes. Em vez de plantas de projeto, havia travessas de feijoada; em vez de réguas e canetas de tinta-da-china, ele manobrava saca-rolhas para abrir garrafas de tinto; em vez de arquitetos que conversavam sobre o futuro da social-democracia ou o último filme de Jean-Paul Belmondo, havia jovens calceteiros que chegavam da serra apenas com um par de botas para viver em quartos de pensão pagos à semana.

O meu pai não voltou a trabalhar como desenhador — aquilo de que mais gostava, a sua vocação e maior talento. A minha mãe jamais voltou a ser perfeitamente saudável.

Não sei ao certo quando comecei a entender o que aconteceu em Paris como o início da doença. É possível que tivesse sido logo em criança, quando a avó Margarida baixava a voz sempre que dizia "a coisa ruim". Há uns anos, ela assegurou-me que a génese do cancro estava em França, na consulta após o aborto. "O médico mexeu-lhe, e não devia. Quando chegou aqui, a tua mãe já vinha doente. E grávida outra vez. Foi a uma consulta no hospital de Faro e o doutor disse-lhe que ela não estava em condições para ter um bebé. Que tu não devias nascer. Mas, olha, tu nasceste e tens saúde. Ela é que não."

Quando perguntei ao meu pai se o aborto espontâneo, em Paris, e o meu nascimento tinham originado o cancro, ele recusou a hipótese convictamente, como se o tivesse questionado acerca da existência de maus-olhados; a sua linguagem corporal irradiou a mesma indiferença que costuma oferecer aos empregados de mesa incompetentes. É provável que, dada a efabulações, a minha avó se tenha apropriado da história clínica da filha. Quis atribuir-lhe um começo — o doutor francês mexeu-lhe, e não devia —, tal como sempre tentou identificar um vilão, culpando o médico que, anos mais tarde, operaria a minha mãe no Hospital Particular. Também é possível que, quando questionado, o meu pai tenha preferido que o filho não contemplasse a sua responsabilidade na morte da própria mãe. Não a sinto. Ele também não. Mas seria desonesto não assumir que várias vezes fiquei especado diante da possibilidade de que, para um filho nascer, uma mãe tivesse de morrer oito anos mais tarde.

Todas as infâncias felizes se parecem; todas as infelizes são infelizes à sua maneira

Decido visitar pela segunda vez o bairro onde vivíamos. A avó Margarida garantiu-me que, no dia em que soube do diagnóstico, a minha mãe ia acompanhada pela Lena, uma amiga cujo salão de cabeleireiro ficava na nossa rua. "Quando encontrei a tua mãe, à porta de casa (e aqui a minha avó começou a chorar), foi como se ouvisse um sino a tocar na torre da igreja. Tentei abraçá-la e ela disse: 'Não te agarres a mim. Deste à luz uma filha cancerosa'. Foi uma tarde de pânico naquela casa. Tanta injustiça, tanta revolta. Chorámos todos, só ela é que não chorava."

O relato do meu irmão, sendo menos melodramático, é como uma lâmina na veia certa: "Eu tinha dez anos, mas lembro-me bem do dia em que a mãe recebeu os exames. À noite ouvi-a a falar com o pai e a chorar. Depois foram dois anos de merda".

Estou diante do prédio do cabeleireiro. O sinal ainda existe, mas faltam-lhe duas letras: SAL LENA. Em algum dia de 1983, a Lena saiu do seu salão e acompanhou a minha mãe no comboio, com destino a Lisboa, para receber os resultados das análises. Foi ela a primeira a saber que a minha mãe tinha cancro.

Entro no café e pergunto se o cabeleireiro ainda está aberto.
"Não", diz uma empregada.
"Eu morei aqui na rua, a dona era amiga da minha mãe."
"Toque à campainha, pode ser que saibam alguma coisa."
"É o segundo andar?"
"Não, o primeiro."
Um bêbedo de fim de tarde afasta os olhos da televisão e aproxima-se com uma cerveja: "O marido dela jogava à bola que se fartava. Foi profissional e tudo. Isto aqui é uma grande terra, não há melhor sítio para viver. Sabe quantas bombas de gasolina temos?".

Saio para a rua e pressiono o botão da campainha. Mas ninguém responde. Recuo e vejo os estores fechados. Em 1983, o cabeleireiro era um apartamento residencial adaptado ao negócio das permanentes e das nuances; a Lena era uma ruiva sardenta, com *eyeliner* de odalisca, cuja gravilha na voz, o excesso de perfume e o cheiro a laca e a SG Ventil lhe conferiam a mística e a autoridade de uma madame de bordel, embora o seu ofício fosse atender aos penteados das senhoras casadas, com revistas no colo e as cabeças nos secadores que mais pareciam terminais de teletransporte. Os maridos jamais entravam no salão. Tocavam à campainha, lá embaixo, ou mantinham-se na ombreira, esperando enquanto as mulheres se despediam e enfiavam a gorjeta na bata da manicura. Nessas tardes, acompanhando a minha mãe, eu sentia-me importante por causa da atenção de todas aquelas mulheres que me deixavam marcas de batom nas bochechas.

Depois foram dois anos de merda.

O Pedro é mais velho do que eu quatro anos e, como a maioria dos irmãos, tanto éramos aliados como eu lhe atirava carrinhos de ferro ao nariz ou ele me fechava num armário. Dividíamos um quarto e dizíamos: "Até amanhã, se deus quiser, mano". Eu pedia--lhe que montasse os Legos e, agindo como uma criança cretina, destruía-os em seguida. Por vezes, ele batia-me, mas foram mais aquelas em que fingi uma agressão, começando a chorar para que a mãe o castigasse.

"Tu eras o menino da mamã, sempre foste. Não digo isto com mágoa nenhuma, e sei que ela não me discriminava; mas eu era tranquilo e atencioso contigo", contou-me quando, pela primeira vez em três décadas, lhe fiz perguntas sobre a nossa mãe. "Já tu eras parvo, portavas-te mal. Eras diferente, caprichoso, chato p'ra caralho, e ela protegia-te imenso."

Depois das aulas, jogávamos hóquei em patins no terraço e ele oferecia-me cinco golos de avanço. Fazíamos concursos para ver quem comia mais cerejas. Há fotografias em que vestimos roupa igual e ele coloca o braço sobre o meu ombro — o dever de salvaguardar o irmão pequeno, uma vocação que apurou após a morte da nossa mãe. Com seis anos, quando entrei para a escola, o Pedro já frequentava o recreio dos grandes. Era mais forte, mais alto, mais bonito do que eu — a minha identidade passou a ser definida em função dele. E, assim, tornava-me o irmão pequeno do Pedro. Mas isso conferia-me prestígio, protegia-me da ameaça dos alunos mais velhos. O meu irmão era conhecedor do mundo dos adultos, podia regressar a pé para casa, após as aulas, e já tinha entrado na sala de jogos do bairro. Sabia até o que queria dizer ganza e pentelho.

Uma tarde, no metro de Lisboa, um homem tentou roubar a carteira da minha mãe e fugiu pela plataforma. Lembro-me do tilintar das moedas, dos pensos rápidos e da maquilhagem espalhada no chão, da frase que ela gritou: "Se o meu marido estivesse aqui, isto não acontecia".

Éramos uma família portuguesa nos anos 1980: mãe doméstica, dois carros, dois filhos, férias no Algarve, um chefe de família com bigode e capaz de proteger-nos caso os americanos e os russos começassem uma guerra nuclear. Nunca seríamos pobres. Jamais alguém venceria o meu pai numa porrada de rua. Ninguém guiava melhor um carro. Porque trabalhava seis dias por semana, incluindo sábados e domingos; porque chegava de noite, quando já estávamos na cama; porque havia um frasco de Old Spice na casa de banho, que nos recordava a forma como ele esbofeteava a cara depois de fazer a barba; porque, ao abrir a porta da despensa, sentíamos o cheiro do couro dos seus sapatos, engraxados todas as manhãs; porque o dinheiro com que a minha mãe ia ao supermercado era ganho por ele, e uma prova do seu sucesso, tal como a televisão a cores e a câmara Super-8 com que nos filmava nos dias de folga; porque não estava presente na maior parte das horas que passávamos naquela casa, mas era o código de bom comportamento que tínhamos de respeitar, havia sempre expectativa e susto quando, já de noite, ele metia a chave à porta. Não era uma ameaça, mas representava, como mais ninguém, o poder dos adultos, inescrutável para as crianças. Era o líder, o provedor, aquele a quem até a minha mãe recorria em momentos de aflição.

Se o meu marido estivesse aqui, isto não acontecia.

No seu único dia de folga por semana, ele ia por vezes buscar-nos à escola e levava-nos a ver filmes no Condes e no Éden; ou a comer costeletas de javali nos Restauradores. Visitávamos o terreno no Estoril onde queria construir uma casa para a família. Passávamos pelo colégio de padres onde tinha estudado e no qual, assegurava, seríamos também alunos. Havia um medo cativante a envolver as suas aparições, uma masculinidade imperativa, que temíamos e cobiçávamos, porque faria de nós os homens que esperávamos ser um dia. Os seus gestos, roupa e acessórios continham a ênfase e o mistério dos espiões, eram indícios do enigma da sua personalidade: os peitorais musculados de nadador, o bigode que nos picava a cada beijo, a pequena mala de couro em que transportava o dinheiro; e o "cabo de aço", escondido debaixo do banco do automóvel, para a eventualidade de uma luta de rua. Supúnhamos que, em tudo o que não sabíamos sobre ele, estaria escondido algo poderoso, se não mesmo sobrenatural. Só as suas normas e segredos podiam salvar-nos de um cataclismo — podiam salvar a minha mãe.

Afasto-me do Salão Lena e passo pela mercearia, onde ela me mandava com listas de compras; e pela loja de roupa, pelo oculista — que antes era a padaria das carcaças cozidas a lenha —, pelo Fotógrafo Roma, em cuja montra eu desejava aparecer, lado a lado com as fotos eleitas de noivos e bebés. Procuro, naquilo que perdurou, tudo o que já não existe. Esta rua faz erguer do chão, em pedra e ferro e vidro, toda a matéria da memória — uma versão da verdade. Mas haveria, claro, outra verdade: a vivida pelos meus pais. Uma mulher que ficava em casa, a cuidar dos filhos, preparando comida, banhos, refeições para levarem para a escola; o aborrecimento e a ansiedade indissociável da condição de se estar vivo e com obrigações; a falta de paciência com as birras, a vontade de sair de casa quando os filhos se engalfinhavam, a preguiça assim que a máquina parava de lavar e havia roupa para estender. E um homem que queria ser desenhador, mas que, após o regresso de Paris, acabara a servir às mesas no restaurante do sogro; o pai e marido que vendera quadros na rua para pagar as contas, acedendo por fim ao apelo do próprio pai, reformado da Guarda Fiscal, que construíra um restaurante, mas, incapaz de pagar os empréstimos, pedira ajuda ao filho para salvar o negócio. Um homem que, por vezes, e como todos os outros, talvez quisesse estar sozinho após um dia de trabalho; que contava o dinheiro em cima da cama, colocando-o em envelopes que entregava no banco para amortizar a dívida. É possível que tivesse insónias ou que, nas viagens de carro, de ida e volta para o restaurante, se perdesse a pensar numa vida alternativa, em Paris, ou sem filhos.

Sei que os meus pais não eram apenas aquilo que as minhas memórias de criança garantem que eles foram. Mas tive de chegar aos quarenta e um anos, tendo sido protagonista do medo, do falhanço, da imprudência, do enfado, do desgosto, da injustiça, do egoísmo, do remorso e da vergonha, para perceber que, embora sublimados na minha infância, eles seriam afinal como eu, como todos os outros: primatas de ânimo inconstante e satisfação temporária, julgando-se especiais de manhã e uma merda à noite; tão paralisados pela dúvida como errados nas certezas; irascíveis por estarem com fome ou sono; mesquinhos no exercício do poder, transportadores de arrependimentos, culpas e mentiras; trabalhando em algo de que não gostavam, ficando na cama numa manhã escura de janeiro; em pânico com a doença, cansados, com ciúmes, suscetíveis ao mau agoiro do boletim meteorológico; dispostos a morrer pelos filhos num dia, mas a atirá-los pela janela no outro. No entanto, e apesar de toda a empatia e humildade que possam resultar dessa assunção, aquilo que mais define a criança que fui, e o que sinto agora ao caminhar nesta rua onde morámos, teve origem na impressão que formei dos meus pais nesses primeiros anos, quando estávamos todos a salvo do crescimento e da morte. Pode não ser a versão mais fidedigna, mas é aquela que sinto como mais verdadeira.

Mano a mano

Tinha vinte e cinco anos e acabara de aterrar em Nova York, para viver na cidade, quando uma mulher pegou numa laranja, durante um piquenique no Bryant Park, e me perguntou: "Como se diz isto em português?". Em seguida, avisou: "Por mais tempo que aqui vivas, *an orange* nunca será o mesmo que *uma laranja*". Anos mais tarde, no Rio de Janeiro, um poeta carioca contou-me, enquanto abria uma goiaba, que sempre que fazia aquele gesto se sentia a trepar a goiabeira do avô. Talvez fosse esse sentimento único que o meu irmão buscava quando ontem sugeriu que apanhássemos figos na beira da estrada, aquilo que eu próprio procuro agora quando lhe peço para pararmos diante do prédio dos avós maternos, onde passávamos os verões com a nossa mãe e comíamos figos na varanda depois da praia.

Chegámos ao Algarve há alguns dias e estamos hospedados num apartamento próximo das ruas onde costumávamos pedalar nas nossas bicicletas durante longuíssimas tardes. O cheiro dos pinheiros e do capim é o mesmo, tal como o calor e o rufo das cigarras. Não fui capaz de perguntar ao meu irmão se, como acontece comigo, também ele sente que estamos cercados por tudo aquilo que já fomos neste lugar a sul. Também não lhe disse que não vim apenas de férias, mas que, com o meu bloco de notas e as constantes referências aos lugares que vemos todos os dias — "Ali era o restaurante do avô Daniel", "Lembras-te da Vanessa que jogava ao bate-pé?" —, tento recuperar o tempo em que ainda tínhamos mãe. É aqui que as recordações são mais nítidas. O inverno do esquecimento pouco pode contra a hipérbole do verão algarvio. Chego a julgar que o calor tem uma influência sobre a química do cérebro e a preservação da memória, capaz de reproduzir cores, cheiros, manhãs de maré baixa na praia e as lâmpadas noturnas de uma piscina.

"Será que o Horácio ainda é vivo?", pergunto.

No verão de 1983, ano em que a minha mãe recebeu o diagnóstico, o Horácio esmurrou a cara da minha avó no terraço do prédio. Senhorio dos meus avós, era também o dono da oficina no piso térreo e morava no primeiro andar. Nunca o vi sem o fato-macaco de mecânico ou com as mãos limpas de óleo. Tinha a baixa estatura dos pugilistas que concentram todos os seus complexos, todos os seus ressentimentos, todas as vezes que levaram porrada em criança, no estoicismo da violência. Quase não falava, e os seus olhos pequenos tinham a dureza daquela espécie de abusados que, quando crescidos, segue o legado dos próprios abusadores. Olhos que procuravam nos outros uma falha que convocasse o seu ímpeto para castigar e a consequente aquietação do castigador. Por vezes, ouvíamos os gritos da mulher, da filha e do filho, quando o Horácio punha em prática, com toda a família, o terror que sentíamos ao passar por ele nas escadas.

"O tio Fernando bem que lhe chegou a roupa ao pelo", diz o Pedro, sem desligar o carro. "Mandou-o para o hospital com umas quantas costelas partidas."

"Acho que o avô também lhe deu umas peras", digo, lembrando-me das fotografias da cara da avó Margarida entregues na polícia como prova da agressão, uma amálgama de pálpebras e de carne púrpura em lugar dos olhos.

"Uma vez, só me livrei de levar uma sova dos putos do bairro dos pescadores porque disse que era sobrinho do Fernando e do Jorge."

Os meus tios almoçavam em tronco nu e eram conhecidos pelo temperamento que não lhes permitia virar as costas a uma provocação. Iam ao mar nos barcos de pesca, trabalhavam como porteiros em boates de alterne e discotecas para turistas. Conduziam as camionetas do meu avô, carregadas de pedra, e mudavam tão depressa de ofício como de namorada. O tio Fernando, divorciado, tinha uma moto de alta cilindrada. Quando eu viajava com ele, sem capacete, o mundo ficava desfocado como num grande prémio de Fórmula 1. O tio Jorge, mais novo, ainda morava com os meus avós. Seco de músculos, pestanudo e moreno como um Aladino punk. Um dia, pôs a tocar "So you think I'm sexy", do Rod Stewart, e disse-me: "Isto é música". E eu pensei que aquilo era música. Como não acreditar num tio que usava pulseiras, casacos de cabedal, um fio de ouro com crucifixo, um brinco na orelha esquerda — "Na direita é para os maricas", dizia-me — e que só chegava a casa ao romper da manhã? Como não acreditar num tio a quem os amigos chamavam Rambo e que conduzia só com uma mão no volante, a mesma que segurava o cigarro, enquanto a outra descansava na manete das mudanças?

"Era um desgraçado, não tinha onde cair morto", diz-me o Pedro quando recordamos o dia em que o tio Jorge assaltou a casa do meu pai.

Hoje sei que na mitologia da juventude dos meus tios há mais demónios do que heróis, mais tragédias do que triunfos épicos. O que antes eu julgava ser um folhetim de aventuras era afinal uma vida fora de controlo, discussões à mesa e o avô Daniel a gritar com o filho mais novo: “Desgraço a minha vida, mas dou cabo de ti”. Um dia, abri a porta da sala e lá dentro, como se fosse o epicentro de tudo o que colapsava nesse instante, a chama do isqueiro fazia estalar a prata, um fumo enjoativo e caramelizado que eu não conhecia nublando os olhos do meu tio. Os mesmos olhos que não fui capaz de encarar, nos meses em que ele esteve internado no hospital, anos mais tarde, quando por fim o vírus do VIH, apanhado numa seringa, abriu alas para uma pneumonia fatal.

(O meu irmão ao telefone: “O tio Jorge morreu, o funeral é amanhã, no Algarve”, e eu: “Não posso ir, tenho um exame da faculdade”.)

Com sete anos, eu não sabia o que era uma “chinesa”, mas, tal como acontecia com a palavra “cancro”, capaz de impor um silêncio nefasto, aquela chama que fazia fumegar a prata contagiava tudo. Na percepção binária que eu tinha da realidade, cancro e heroína faziam parte da zona proibida. Naquela tarde, fechei a porta e fugi para a zona livre do terraço do prédio.

“Lembro-me do dia em que a mãe descobriu que ele se drogava”, conta-me o Pedro. “Lembro-me de os ver a discutir e de ela ir para a sala chorar.” A minha mãe: que comprava livros sobre toxicodependência e arrancava as páginas que queria que o irmão lesse, enviando-as depois pelo correio para o Algarve.

Com catorze anos, o tio Jorge entrou em casa com um brinco na orelha. O avô Daniel ameaçou-o de morte, tal como, quando a filha fugira com o meu pai, ele dissera, ao saber do acidente de carro: “Mais valia ter morrido, fazia-lhe o funeral de boa vontade”. Durante as nossas férias, o avô Daniel ia almoçar a casa todos os dias, sempre à mesma hora, assobiando fados enquanto cuidava dos canários na varanda. Fazia contas de empreiteiro em pequenos blocos de notas, uma aritmética que aprendera sozinho, porque não se estreara sequer na primeira classe. O meu avô de olhos azuis, alto e de ombros largos, era um sósia do John Wayne, diziam os adultos. Deixava os netos viajarem na caixa aberta dos seus camiões, levava-nos para o monte na serra: uma casa velha, cheia de sacas com alfarrobas, que mordíamos como se fossem chocolate, e rodeada por um pomar de nespereiras, pessegueiros e amendoeiras. O avô Daniel tinha nesse monte — na serra onde nascera e crescera — a sua fortaleza da solidão. Era para lá que fugia dos desatinos familiares. Mesmo que já fosse patrão e tivesse uma equipa de calceteiros a trabalhar para si, passava horas nas sombras do pomar, sentado na terra como um monge meditativo, com uma mão protegida pela luva de couro e um martelo na outra, partindo calhaus de calcário.

Tinha corpo de colosso, mãos de minotauro, um apetite sôfrego por feijoadas e cozidos, a aberração protuberante da barriga — "Está de nove meses", dizia a minha avó —, que eu tocava para avaliar o seu grau de dureza. Ressonava como se anunciasse uma catástrofe geológica, adormecendo após o fim do *Telejornal* na poltrona que, aos serões, era só dele. Lembro-me da sua fúria quando dei um encontrão na mesa e entornei um copo — logo ele, que nunca ralhara comigo — ou da pressa com que saía de casa, para não aturar a mulher e os filhos, escapando-se para os petiscos e o vinho com os amigos, mas também, saberíamos mais tarde, para estar com a amante vinte anos mais nova, a quem sustentava e tinha alugado um apartamento. A sua avareza, pelo menos em casa, talvez tivesse origem no fato de ter crescido sem nada e de acreditar que os filhos e a mulher lhe espatifariam todo o dinheiro. O avô Daniel: filho de pai incógnito, analfabeto que sabia assinar o nome e fazer contas, que perdeu uma filha, um filho, uma perna para o cancro, e que nunca terá sido tão feliz como quando, sozinho nas tardes da serra algarvia, transformava pedras em cubos perfeitos, imaginando os desenhos que formariam nas calçadas das vivendas com vista para o mar.

O avô Daniel nasceu em 1930, no Algarve. A avó Margarida, em 1934, no Porto. Ele nunca foi à escola. Trabalhou no campo com a mãe desde cedo e, aos quinze anos, já fazia parte dos grupos de homens que viajavam do Sul para trabalhar nas pedreiras de Pêro Pinheiro, arrancando da crosta terrestre blocos de vidraço que, segundo a minha avó, "eram maiores do que uma casa". Ela, que completou a terceira classe, também ajudou a mãe no campo. Em 1938, as duas desembarcaram nos arredores da capital porque o padrasto da minha avó conseguira um emprego como encarregado das *bimbas*, "ranchos de mulheres que", explicou ela, "vinham do Norte para a monda, a ceifa, a sacha. Um trabalho que fiz muito quando era miúda. Pegávamos nas terras ao nascer do sol e só saíamos de lá à noite".

Terminada a terceira classe, foi servir em várias casas. Na única folga, de quinze em quinze dias, tinha de regressar antes de escurecer. "Sentia muitas saudades da minha mãe. Chorava pouco, chorava." Com doze anos, tinha a seu cuidado a filha pequena de um militar. A família, que vivia em Carcavelos, passava férias perto de Coimbra e, certa tarde, a patroa viu a minha avó a comer o resto da papa de tapioca da criança. Fez queixa ao marido. "Ele era da tropa. Tinha um cavalo-marinho, era o género de uma chibata, e batia-me com aquilo, eu andava sempre com as pernas todas marcadas. Só comi os restos da tapioca da menina porque ela não queria mais. Se eles me dessem de comer, não tinha fome."

Após mais uma sessão de chibatadas, a miúda de doze anos galgou o muro e atravessou um pinhal descalça até descobrir a estação de comboios de Coimbra. Entrou na composição para Lisboa e escondeu-se. O revisor encontrou-a, mas um casal de passageiros pagou-lhe o bilhete e deu-lhe dinheiro para um táxi ao chegar a Santa Apolónia. "Assim que a minha mãe me viu entrar em casa, apanhei logo uma lambada, levei poucas que foi um gosto", contou-me, na sala de sua casa, e olhou para cima, para o lugar onde imagina que estão os mortos. "Descansa em paz, mãe." Depois pôs-se séria. "Trabalhei na fábrica da bolacha, na fábrica da pólvora, na lixeira da câmara, eu sei lá, tive uma vida que só deus é que sabe."

Os meus avós moravam na mesma vila, na periferia de Lisboa, quando se conheceram nos bailes do Salão da Caganita. "Havia lá uns cordéis com bandeirinhas de papel que eram colados com farinha, e os ratos andavam nos fios para comerem aquilo. Enchiam tudo de caganitas." Ela ia fazer dezassete anos e ele tinha vinte quando foram viver para uma casa de uma divisão apenas, tijolo e telha, uma tarimba a servir de cama, um balde substituindo a sanita, e um fogão a petróleo no chão, porque não havia mesa. No mês seguinte, ela ficou grávida, mas não disse ao meu avô. Perguntei-lhe por quê. "Tinha medo", disse. "Pedi ajuda a uma amiga, que me comprou o bilhete de autocarro para a margem sul, onde me tinham dito que havia uma parteira que também fazia desmanchos."

Tinha dezassete anos e nunca cruzara o Tejo.

Tinha dezassete anos quando uma curiosa lhe fez um aborto.

Tinha dezassete anos quando essa mulher lhe entregou o embrião embrulhado num pano e a minha avó o levou para casa, o colocou num frasco com álcool e o escondeu durante meses até que, certa noite, o avô Daniel o encontrou e saiu para a rua com uma pá, para enterrar algures no campo o primogénito que sempre acreditou ser um rapaz. Quando perguntei à minha avó por que guardara o embrião, ela encolheu os ombros: "Não sei, filho, não sei. Eu era uma criança".

* * *

"O tio bem que lhe chegou a roupa ao pelo."

"Acho que o avô também lhe deu umas peras."

O meu irmão arranca com o carro. Descemos a rua da casa dos avós, passando pelo supermercado onde ajudávamos a mãe a escolher melancias, pelo café que o avô Daniel comprara e onde o tio Jorge roubava notas da caixa registadora. Durante a viagem, recapitulo para o meu irmão a sequência dos eventos dessa noite de julho de 1983, quando o Horácio trepou três andares até ao terraço e, atormentado pelo vinho, começou a bater com uma escova de roupa no varandim de ferro, provocando o cão dos meus avós. Dizia-se que o Horácio não gostava de animais, que não suportava crianças, que queria que os meus avós saíssem do apartamento que lhes alugara havia dez anos. O cão começou a ladrar, acordando a avó Margarida, que também ouviu o ribombar da escova e decidiu subir para o terraço. Numa primeira versão, ela tinha apenas questionado: "O que é que o senhor está a fazer?". Numa segunda variante, apurada uns dias mais tarde, a avó Margarida tinha-lhe chamado "cabrão" e a escova de madeira não estava na mão do Horácio, mas na dela — a arma que levara consigo e que, depois de apanhar vários socos e ter caído ao chão, terá usado para lhe atingir a cabeça e fugir.

Nessa mesma noite, após saber o que acontecera, o tio Fernando iniciou uma caça ao homem, patrulhando as ruas até encontrar o Horácio a caminhar na berma. E na berma o deixou, tombado, após uma tareia que lhe partiu as costelas e replicou na cara do mecânico a barbárie que eu veria na cara da minha avó dias mais tarde.

Apesar da violência dos adultos, apesar do medo que tinha do Horácio e do cancro e da chama a queimar a prata, foi com esses meses de verão que construí os mitos do clã materno, quando os desfechos eram muito mais cinematográficos — o meu tio a vingar a minha avó — do que catastróficos — a droga, a sida, os hospitais. Todos os anos, entre julho e setembro, os netos do Daniel e da Margarida cavalgavam as suas bicicletas e rasgavam a rebentação, crentes de que, se as injustiças se resolviam com duelos de porrada, então tudo acabaria bem e ninguém morreria no fim.

Pela primeira vez na vida, decidi que falarei com o meu irmão sobre a nossa mãe, mas estamos de férias há uma semana, e todas as noites, depois do jantar, não sou capaz de seguir adiante. Prefiro manter-me nas margens do vazio que engoliu tudo, esperando que parar diante do prédio dos avós, ou falar dos tios, provoque o balanço necessário para que lhe pergunte: "Lembras-te do dia em que a mãe saiu de casa para ir para o hospital em Londres?", em vez de: "Lembras-te de quando íamos com a mãe à Espanha e ela nos comprava aqueles bonecos da tropa?".

Desde que deixámos de viver na mesma casa, há quase vinte anos, que um de nós pega no telefone para ligar ao outro no dia 13 de março. Mas não somos capazes de dizer muito mais do que "Hoje faz dez anos que a mãe morreu" ou "Hoje faz vinte e três anos que a mãe morreu" ou "Hoje faz trinta e dois anos que a mãe morreu".

Nos dias que agora passamos de férias, no Algarve, acordamos sóbrios às horas a que, em tempos, nos íamos deitar bêbedos. O Pedro aparece na sala onde durmo, num sofá desdobrável, e, ainda que me veja acordado, simula a voz de um sargento durante a recruta: "Toca a levantar, vamos embora, abre a pestana, deixa de ser calinas", numa alusão às vezes que o pai entrava nos nossos quartos, batendo palmas e abrindo as portadas num baque de ataque cardíaco, para nos arrancar do sono profundo da adolescência.

Preparamos o pequeno-almoço bem cedo. Lemos e comentamos as notícias do dia, levantamos a mesa, lavamos a loiça e colocamos protetor solar antes de sair para a praia. Fazemos listas de supermercado e dizemos: "Tu penduras a roupa, eu despejo o lixo". Mas, por mais que interpretemos o papel de adultos, quando estamos juntos somos tantas vezes os dois irmãos que aparecem vestidos de igual nas fotografias dos álbuns que o pai preparou e onde escreveu: "Este álbum, assim como o anterior e os futuros, são portadores das fotografias tiradas pelo pai desde que nasci e têm a finalidade de, quando for homem, poder observar toda a fase do meu crescimento".

Por mais cabelos brancos e rugas e psicólogos e empregos, seremos sempre os irmãos que fomos. Temos as mesmas mãos e os mesmos pés, atendemos o telefone e finalizamos uma chamada com a secura de quem bate com uma porta. Partilhamos os tons da voz e a forma galopada de construir as frases, a pressa de chegar e de logo partir. Celebramos a valentia e a força física como rapazolas que se julgam preparados para um apocalipse *zombie*. Transportamos ainda uma certa revolta com o mau funcionamento do Universo, que permite que pessoas estacionem carros em segunda fila e que filhos pequenos não se despeçam de uma mãe doente a caminho de um hospital em Londres.

Ele tem os olhos grandes da mãe, eu tenho o nariz proeminente do pai. E, se é claro que não somos siameses na genética, nas vocações ou até na forma como fizemos o luto, ainda hoje apreciamos o humor negro em alturas de aperto e a glorificação da resiliência dos solitários. É assim que defletimos a dor, com sarcasmo e dureza. Acreditamos, mas nunca admitimos em voz alta, que depois dessa morte todas as adversidades minguaram na escala do cosmos da perda. Ambos supomos que a nossa redenção está na beleza feminina, mais precisamente no amor de uma mulher. E, no entanto, há anos que nenhum de nós tem um relacionamento duradouro.

Ontem à noite, pela primeira vez em vários anos, embebedámo-nos juntos e perdemo-nos no caminho para o apartamento. Mijámos num descampado enquanto recordávamos as vezes que fugíamos pela janela de casa, depois de encher a cama de almofadas, para chegar a tempo de uma festa numa discoteca do Estoril.

Quando, esta manhã, ao pequeno-almoço, lhe pergunto se também ele acredita que, depois da grande perda, todas as outras foram relativizadas, ele responde:

"Durante muito tempo, sim. Mas agora tenho um filho."

No verão após a morte da minha mãe, acordei em casa dos meus avós, no Algarve, e não conseguia levantar um braço. No centro de saúde, o médico sugeriu uma paralisia infantil. De forma a voltear o medo, eu concentrava-me na hipótese de, tal como Aquiles e o seu calcanhar, ou Sherlock Holmes e o seu vício de ópio, a minha paralisia ser um elemento indispensável ao arquétipo do herói.

Ao jantar, nessa noite, a minha avó informou o meu irmão do possível diagnóstico. Ele esmurrou a porta do frigorífico. Não sabíamos ainda que era apenas uma lesão muscular e percebo como ninguém a sublevação dos seus nervos — dos meus nervos — e o desígnio que tomou para si: proteger o mano pequeno, algo que já se antevia nas tais fotos em que aparece com o braço sobre os meus ombros ou na vez em que deu uma cabeçada num aluno mais velho que me pregara um estalo no recreio. O que há então de adulto nos miúdos que somos quando estamos juntos? Pelo menos uma coisa: sabemos que, onde quer que seja o ponto de chegada, partimos justamente do mesmo lugar. E que perdemos a mesma mulher.

Ao volante, a caminho da praia, o meu irmão diz:

"O Bruno espetou-se de carro nesta rotunda. Estava todo bezano."

"Aquele teu amigo que tinha mamas e foi operado?"

"Esse mesmo. Quando ia à praia nunca tirava a T-shirt."

"Sabias que a Vanessa, a filha do Horácio, treinava comigo beijos na boca e depois ia jogar ao bate-pé contigo para o terraço?"

Foi preciso chegar o último dia de férias, arrumar o apartamento e fazer as malas para, só na viagem de regresso a Lisboa, iniciarmos a conversa que nunca tivemos. Enquanto percorremos o Algarve para oeste, deixamo-nos ficar em silêncio, cruzando o entardecer na serra, já não o brilho branco do sol no mar; antes o prelúdio de uma noite quente e azulada nos montes, a efervescência das árvores, da terra e dos grilos. Sabemos que, além da paisagem, algo fica para trás, replicando assim a amargura de quando acabavam as férias grandes.

O carro aponta finalmente para norte. Sei que me restam apenas duas horas e meia até que o meu irmão me deixe à porta de casa.

"O pai tinha a minha idade quando a mãe morreu", digo, como se essa afirmação garantisse que já não somos apenas miúdos, que podemos contrariar o silêncio. Ele não responde. E eu insisto:

"Quanto tempo é que a mãe esteve doente?"

E depois foram dois anos de merda.

“Eu tenho memórias e sensações desse tempo que tu não tens, eras muito pequeno.”

[...]

“A mãe tinha um porta-moedas de levar para a praia, em malha de ferro, pequenino, forrado a tecido, onde guardava as notas e as moedas para nos comprar as bolas de berlim e os gelados. Isso está tão presente na minha cabeça.”

[...]

“Devíamos ter ido à praia aonde a mãe nos levava.”

[...]

“Lembro-me de partir a cabeça e de ir para o hospital numa carrinha Ford Transit, ao colo da mãe. Ela estava a segurar um pano e havia sangue por todo lado. Lembro-me da dor de ser cosido pelo médico, com ela junto a mim, e eu a dizer-lhe: ‘Não chores, mamã, que isto não é nada’.”

[...]

“Uma vez, respondi-lhe torto, fui mal-educado porque não queria ir despejar o lixo. Levei um senhor chapadão, nunca mais lhe respondi mal.”

[...]

“Fiz treze anos um mês e um dia depois de a mãe morrer. Não queria bolo, não queria festa, não queria nada.”

[...]

"O pai ligou do hospital, em Londres. A avó falou com a mãe e perguntou se ela queria falar conosco, mas a mãe recusou, não conseguia."

[...]

"Basta um olhar, um pensamento, um cheiro, qualquer coisa de que não estou à espera, e, de repente, sinto exatamente o que senti quando me disseram que a mãe tinha morrido."

[...]

"A avó disse isso? Não, nunca senti essa recusa da mãe, nem implicação da parte dela. Lembro-me de estarmos os dois deitados na cama. Senti que estava mais fria e distante, mas não entendia por quê. Com aquela idade, com uma mãe a morrer, estás com a cabeça toda fodida."

[...]

"Eu sabia que ela ia morrer."

[...]

"Era muito impulsivo, levava tudo ao limite. Não tinha medo de conduzir a moto bêbedo, de andar à porrada. Não tinha medo de morrer. Por vezes, revolta e autodestruição são a mesma coisa."

[...]

"A mãe saiu de casa como se fosse voltar no dia seguinte. Mas não voltou."

[...]

"Quando era mais novo, apanhava bebedeiras e pensava: 'Se existe vida além da morte, se a mãe me vê, não quer que eu seja esta pessoa'. Ela foi muitas vezes um orientador sem estar cá, porque eu tinha uma imagem do que ela queria para nós e pensava: 'A mãe não quer que eu seja isto'. Quando ficava bêbedo ia sempre lá bater, pensava nela, no luto que não fiz, na revolta de não me despedir, de não ter tido a capacidade de me despedir, de dizer aquilo que sentia. Eu só queria despedir-me, não merecia não me ter despedido."

Já de noite, o carro atravessa a ponte sobre o Tejo e entranha-se na luminescência de Lisboa. Percorremos outra vez a segurança dos caminhos conhecidos. Viajámos de sul para norte, embora regressemos de outro tempo, daquilo que nunca fora confessado entre irmãos. O que sentiste? O que recordas? Como era a mãe?

Ainda que essa conversa tenha aberto uma fenda no longo paredão do silêncio, haverá sempre algo indizível e imutável, que não precisa de ser verbalizado para que seja verdade. Mais ninguém, vivo ou morto, é filho daquela mãe e daquele pai. Não se trata apenas da hereditariedade da genética que replica, em dois corpos diferentes, os tiques, a voz ou a fisionomia. Aquilo que mais nos aproxima, desde o tempo em que dividíamos o quarto e bebíamos leite com mel antes de dormir, é a certeza de que, apesar da perda, e por causa dela, se estabeleceu muito cedo a unicidade desta partilha. Não estamos sozinhos. Somos o espelho e o reflexo.

O carro estaciona na minha rua e beijamo-nos na cara. Vou à bagageira para tirar a mala. Observando-me pelo retrovisor, o Pedro recorre ao habitual carinho dos nossos insultos:

"Precisas de ajuda, urso?"

"Não te incomodes, camelo."

Fecho a bagageira, meto a chave à porta do prédio e digo: "Até amanhã, mano". Ele responde: "Até amanhã, mano", tal como quando nos enfiávamos nas nossas camas, que eram naves espaciais, e partíamos noite afora, só os dois, em mais uma aventura pelas galáxias.

Na semana após as férias, recebi um e-mail do meu irmão:

Ainda hoje me lembrei do dia em que te observava nas escadas, em frente ao parque dos Salesianos, e um miúdo te empurrou. Tu, de mochila às costas, olhaste para mim, num misto de medo e pedido de ajuda, a tentativa de que, de alguma forma, te desse a mão. Bateste-lhe como se fosses uma pulga aos saltos. No fim, olhaste de novo, à procura do reconhecimento, e o olhar era outro.

Após transcrever a conversa com o meu irmão, bem como aquelas que tive com a minha avó, partilho com uma amiga as descobertas que fiz nos últimos meses. Digo-lhe que, apesar da dor e do desconforto ao reler o que me disseram, há também entusiasmo e libertação. Sinto-me impelido a abandonar todo o pudor, justifico-me com o pressuposto de que, quando se quer escrever um livro, quando se quer ir à raiz do problema, não podemos estar preocupados com aquilo que a família e os nossos amigos irão pensar ou com aquilo que a viagem fará de nós.

"Precisas mesmo de saber tudo?", pergunta a minha amiga.

"Não devia ser a tua memória, ou a falta dela, suficiente para a escrita? Não achas que há coisas que não precisas de saber, como a história do aborto da tua avó? Por que mexer nisso?"

Porque saber revela-se a única forma de impedir a fuga. Porque o não dito torna-se maldito. E porque há qualquer coisa de desafio nessa procura, como se eu estivesse de novo no apartamento, uma semana após a morte, e entrasse em todas as divisões esperando encontrar a minha mãe. Talvez seja um absurdo ter um propósito que pode causar danos, mas não é mais absurdo não ter qualquer propósito? Se *mexo* em tudo isso, como diz a minha amiga, é porque acredito que a escrita tem por vezes os mesmos mecanismos da dependência — a procura da recompensa, a antecipação do prazer assim que uma ideia ou uma imagem se formam na mente e a frase que as poderá articular se manifesta de rompante. E depois o transe, quando atrás dessa frase vem outra, e depois outra, e a corrente de palavras se sintoniza com o fluxo de consciência; mundos inteiros de sagas e lutos familiares erguendo-se do nada, desmascarando a vida. Mas aí reside a diferença entre a adição e a escrita. Na primeira, revelamo-nos ao fugir. Na segunda, revelamo-nos ao ficar. Se as drogas são a evasão e o esconderijo, a escrita é o peito aberto às balas. É imperativo que eu enfrente, descubra e escreva na proporção exata da devastação que apagou tudo.

Coisa ruim

Talvez ela estivesse a depilar as pernas com uma gilete ou a fazer madeixas no cabeleireiro. Talvez lesse a *TV Guia* na sala ou se encontrasse sozinha em casa e experimentasse, diante do espelho, o casaco de peles que o meu pai lhe oferecera. Em algum momento, enquanto lavava os dentes ou calçava um sapato, iniciava-se no seu útero uma mutação inescrutável ao mundo exterior: uma célula que não cumpriu o protocolo para que fora programada e, em vez de dividir-se em novas células, começou a crescer, resistente ao ataque do sistema imunitário, lançando as fundações do desastre — o primeiro tumor. Mesmo que eu tivesse encontrado o ficheiro clínico da minha mãe, extraviado após o fecho do Hospital Particular, mesmo que tenha estudado desenhos com a escala decrescente de uma célula — o núcleo, os cromossomas, os genes, o ADN —, seria impossível saber em que preciso instante um erro microscópico deu início a um paradoxo: para que o cancro possa florescer e propagar-se, tem de matar o seu hospedeiro e morrer com ele. O cancro: um apaixonado pacto suicida unilateral, Ícaro a caminho do Sol, o bombista gritando a grandeza de deus.

A falha na reprodução de uma sequência de quatro letras do ADN foi conquistando um território milimétrico na parede do útero, primeiro uma displasia celular, depois um tumor, desencadeando os primeiros sintomas: corrimento vaginal com sangue, períodos menstruais abundantes, dores durante as relações sexuais. Considerando a natureza dos sintomas, terá sido o constrangimento que levou a minha mãe a adiar uma consulta no médico durante tanto tempo? Ou antes essa ideia, reveladora da nossa fragilidade e inclinação para o engano, de que aquilo que não sabemos não nos pode fazer mal? Terá sentido vergonha quando, por fim, se sentou na cadeira de um consultório e lhe fizeram o exame papanicolau? O que cozinhou para o jantar dos filhos no dia em que chegou a casa, com um penso na veia do antebraço, depois de ter feito a recolha de sangue? O que lhe disse o médico na entrega das análises? E que palavras escolheu ela para dar a notícia ao marido?

Sinto-me tentado a procurar o início preciso do cancro, o instante do lapso da célula, como se assim pudesse desvendar a maior incógnita de todas e acreditasse que, atribuindo à doença a lógica de um princípio, de um meio e de um fim, irei obter pelo menos um fragmento de tudo o que não conheci da vida e da morte da minha mãe.

Já li milhares de palavras sobre a doença, arrisco-me até a inferir que ela tinha um carcinossarcoma, que apresenta o pior prognóstico de sobrevivência. E demorei-me a pensar noutro contrassenso: o excesso de estrogénio, uma hormona de desenvolvimento do aparelho reprodutor feminino, é a principal causa de cancro no útero, ou seja, a engenharia que permite a uma mulher criar uma vida é, afinal, aquela que a pode matar. Penso também que metade dos meus genes são uma cópia dos genes da minha mãe. Talvez as minhas células transportem uma mutação à espera de acontecer.

Procuro desenhar a cronologia da doença. Não será tanto um relato médico, mas aquilo que, na altura, as emoções gravaram na memória da família e que se foi ajustando ao longo do tempo de forma a satisfazer a nossa carência de sentido. A avó Margarida, por exemplo, precisa de encontrar um culpado, o momento zero da doença, e, apesar da improbabilidade clínica, ainda acredita que a génese do cancro foi o aborto espontâneo em Paris. Para atestar a sua crença, relata uma consulta no hospital de Faro, em 1975, quando a minha mãe estava grávida de mim: "Logo que o médico a viu e recebeu as análises, disse: 'Está aqui um grande problema. Custa-me dizer isto porque sou médico... Mas este bebé não devia nascer'. Ela sofreu muito quando estava grávida de ti".

Há uma fotografia da minha mãe a sorrir, com as mãos na barriga enorme, o vestido primaveril, amarelo e azul, esvoaçando contra as pernas, e atrás de si uma paisagem de montanhas. Essa fotografia está no meu primeiro "Álbum do Bebé", e a legenda, escrita pelo meu pai, diz: "Mamã grávida de oito meses".

Oficialmente, a sua ficha clínica deveria conter exames realizados no inverno de 1983/84. Mas qual a data precisa em que o diagnóstico lhe foi apresentado? Que perguntas terá feito ao médico? Em que momento lhe terão dito que o próximo passo era fazer uma histerectomia em que, além do útero, teriam de lhe remover trompas e ovários? Pensara ela em ter mais filhos? Todas as perguntas levam-me, mais uma vez, a uma contradição: as imagens da serenidade doméstica da minha mãe, as suas feições pacíficas na doença, bem como a personalidade rigorosa e o recato sentimental, não fariam prever que dissesse à minha avó: "Deste à luz uma filha cancerosa". E, no entanto, todos os dias, homens e mulheres de caráter e princípios indefetíveis se desmoronam diante de um médico portador de más notícias. Há décadas que a firmeza de ditadores, generais e mártires é aniquilada no momento em que um dedo aponta uma mancha na radiografia. Será assim tão difícil aceitar que uma mulher de trinta anos, após ouvir as palavras "maligno", "temos de operar", "histerectomia", "remoção do útero", "radioterapia", tenha gritado com um filho por causa de um fio de missangas?

Na internet, vejo um anúncio televisivo, dos anos 1950, de prevenção contra o cancro. Primeiro, a câmara mostra uma criança na cama. "Todos dormem", diz o narrador, "todos menos a Mary, que há uma semana descobriu que pode ter cancro." Depois vemos Mary, na cama, de olhos bem abertos, apertando os lençóis com uma mão, rodando a cabeça para um ponto indefinido, como quem procura deus no teto ou acaba de perceber que não saiu vermelho na roleta. "Cancro, cancro", diz a voz de Mary. "Pode começar sem que nos demos conta, e depois cresce e cresce, um horror sem fim. A minha família pode apanhar cancro? Os meus amigos?" Mary levanta-se e caminha de roupão pela casa, coloca-se diante de um espelho, pergunta: "O que me vai acontecer?". Passa a mão pelo cabelo. "Não há esperança, nenhuma esperança?"

Pouco tempo depois de saber que estava doente, a minha mãe foi internada no Hospital Particular. Terminada a cirurgia, o avô Daniel perguntou ao médico: "Então, salvou a minha filha?". E a resposta — "Ali já não há problema, vai correr tudo bem." — terá sido o primeiro movimento otimista do pêndulo que, nos anos seguintes, fez oscilar toda a família entre a expectativa da cura e a má notícia da disseminação dos tumores.

Os efeitos secundários da cirurgia: cansaço, náuseas, vómitos, dores, dificuldade em urinar e defecar. Além disso, e depois da remoção dos ovários, reduzia-se grandemente a produção de hormonas sexuais e a paciente entraria na menopausa. Já as sessões de radioterapia, para eliminar as células cancerígenas que haviam escapado ao bisturi, podiam incluir a aplicação de raios X na pélvis ou na cavidade vaginal. Após essas sessões, existia a possibilidade de irritação cutânea, dores de estômago, diarreia e uma sensação de fadiga permanente.

Em todos os artigos médicos e sites de institutos oncológicos que consultei, repete-se essa enumeração neutra, de bula de medicamento, incapaz de conjurar a escatologia e a desolação da doença: uma mulher em trajes de hospital, de pernas abertas, entre as placas de chumbo de uma sala de raio X; ou deitada num cobertor, no chão da casa de banho, nauseada, esperando regressar à cama antes que os filhos chegassem da escola.

De todos os possíveis efeitos perniciosos da cura, eu só percebia o cansaço nas linhas do seu rosto. Não escutei vómitos, o cabelo não lhe caiu, jamais lhe vi a cicatriz no ventre. Essa mudança na sua expressão ficou registada em várias fotografias: o esforço de um sorriso, apesar do desinteresse que se antevê nos cantos dos lábios; a palidez da pele e a indiferença das pupilas, mais escuras e baças, desbotando todas as cores ao seu redor; o medo que ela escondia; e o desejo indisfarçado de estar noutro lugar, onde não se tirassem fotografias e ninguém dissesse: "Olha o passarinho".

A primeira referência escrita sobre o cancro data de 2500 antes da Era Comum e foi descoberta num papiro egípcio. Na transcrição das palavras de Imhotep, vizir do rei Djozer, consta: "Ao examinar a massa protuberante na mama, descobrimos que se espalhou pelo peito. [...] Tocar essa massa é como tocar uma bola de fios ou uma fruta ainda verde, fria e dura. [...] Trata-se de uma massa saliente com a qual temos de lutar". Em todos os outros casos médicos que aparecem no papiro é oferecido um tratamento, mas, neste especificamente, Imhotep escreveu: "Não existe". Nos quatro mil anos seguintes, essas palavras não desencorajaram infindáveis terapias. Umas vezes com alquimia e superstições, outras com ambição científica e práticas cruéis.

No livro *O imperador de todos os males: Uma biografia do cancro*, o oncologista e autor Siddharta Mukherjee relata: "Lorenz Heister, um médico alemão do século XIX, descreveu uma mastectomia na sua clínica como se fosse um ritual de sacrifício: 'Muitas mulheres suportam a operação com grande coragem e praticamente sem um gemido. Outras, no entanto, fazem tanto barulho que podem desencorajar até o cirurgião mais destemido e, assim, impedir a operação'".

Emil Grubbe, médico americano e pioneiro a exterminar as células cancerígenas com raios X, fez a primeira experiência em 1896. Nos anos seguintes, repetiu o procedimento com milhares de outros doentes e, devido à prolongada exposição aos raios X, os seus dedos apodreceram, acabando amputados, e o seu rosto, coberto de tumores, foi sujeito a várias cirurgias que o desfiguraram. No relatório da sua autópsia constavam vários tipos de cancro.

No final do século XIX, em Nova York, o cirurgião William Halsted beneficiou do advento da anestesia para pôr em prática a sua destreza cirúrgica. Na Europa, aprendeu novas técnicas e testemunhou a ineficácia das mastectomias. Extirpado o tumor, até mesmo a mama inteira, o cancro voltava. Halsted regressou aos Estados Unidos, onde celebrizou a mastectomia radical — remoção da mama, peitoral maior, peitoral menor, gânglios linfáticos e axila. Halsted não usava o adjetivo "radical" por causa da carnificina na mesa de operações, mas aludindo à origem latina da palavra: raiz. Tal como todos os médicos e curandeiros que tentaram aniquilar o cancro — queimando-o, lancetando-o, envenenando-o —, também Halsted queria exterminar a génese da doença.

Na história do cancro, persevera a ideia de que, por cada descoberta que reduz a ignorância sobre a doença, é necessária uma imolação individual em favor do coletivo — mastectomias, pústulas apodrecidas pelos raios X, o desespero das mães de crianças com leucemia, que autorizaram que os filhos fossem injetados com gás mostarda nos primeiros ensaios da quimioterapia.

Há algo épico no entendimento que temos dessa saga, algo inerentemente humano: perante a enormidade da impotência, precisamos de acreditar na grandiosidade do sacrifício.

Num texto para o jornal *The Guardian*, David Rieff escreve sobre os três cancros que a mãe, a escritora Susan Sontag, enfrentou em três décadas diferentes. No primeiro, conheceu a mutilação de remover uma mama, músculos do peito e parte do sovaco. No segundo, o útero extirpado. No último, uma leucemia — o médico disse-lhe que, apesar das dores que implicava um transplante de medula, a sobrevivência e a qualidade de vida não eram uma certeza. Sontag, sempre obstinada, foi adiante, tentando assim eliminar a doença cuja origem, diziam os médicos, estava nas sessões de quimioterapia a que se submetera no tratamento dos cancros anteriores.

"Nunca vacilou, embora tudo aquilo que poderia correr mal com o transplante tenha, de fato, corrido mal", escreve o filho. "Prestes a morrer, o seu corpo estava coberto, do interior da boca às plantas dos pés, de chagas e hematomas. Mas não acredito que, mesmo que soubesse quanto iria sofrer, a minha mãe deixasse de lançar os dados, arriscando tudo por um pouco mais de tempo neste mundo — acima de tudo, mais tempo para escrever."

Em 1971, Richard Nixon, presidente norte-americano, assinou um pacote legislativo que ficou conhecido como "Guerra ao Cancro". Dos textos mais científicos aos testemunhos mais coloquiais, o léxico da doença está repleto de um imaginário bélico. O cancro é furtivo, invade e coloniza. É uma mutação, um ocupante alienígena. Os tumores são malignos e as metástases um exército. O fato de sermos os hospedeiros do inimigo contribui para a ideia de que os mais dispostos a lutar, arriscando morrer da cura para não morrer do mal, serão também aqueles com mais chances de vitória.

Escreve Christopher Hitchens, no seu livro *Mortalidade*: "Adoro a imagem da luta. Por vezes, desejava sofrer por uma boa causa, arriscando a vida pelo bem dos outros, em vez de ser apenas um paciente em risco de vida. Permitam-me informar, no entanto, que, quando nos sentamos numa sala com outros finalistas e nos trazem amavelmente um enorme saco transparente de veneno, que nos injetam no braço [...], a imagem do soldado fervoroso ou do revolucionário é a última que nos ocorre. Sentimo-nos afundados na passividade e na impotência, dissolvemo-nos na falta de poder como um cubo de açúcar em água".

Durante o internamento pós-operatório da minha mãe, a avó Margarida e o meu pai revezavam-se para passar as noites com ela. Eu estive mais de uma vez no hospital. Lembro-me de uma viagem de táxi num dia de chuva, do elevador para cima e para baixo, dos corredores tão longos que me pareciam pistas de corrida para andar de patins. Porque as crianças não podiam entrar nas enfermarias, não tenho qualquer recordação dela numa cama de hospital, e talvez por isso o edifício oferecesse o mesmo mistério da doença, algo escondido, mas sempre alerta, brumas e sombras, a vertigem de uma emboscada atrás da porta, barulhos de máquinas e odores químicos num sanatório para malucos.

De noite, contudo, no quarto onde nunca entrei, presumo que essa cenografia do faz de conta não fizesse parte da vivência dos meus pais e que tudo fosse mais cru e espartano, ele abrindo o sofá onde iria dormir, lavando os dentes com um dedo porque se esquecera da escova; conversas sobre despesas, filhos, radioterapia e, contrariando a costura da cicatriz ou o pingar do soro na veia, ele a dizer: “Dorme bem, Zinha”, ela a responder: “Boa noite, Zinho”, como se os diminutivos da linguagem do casal fossem o último tesouro num mundo em risco de extinção.

2
O luto em três atos

1. Para sempre e totalmente

Durante um ano e meio após a morte da minha mãe, a avó Margarida viveu conosco, cumprindo as tarefas domésticas e familiares que antes eram responsabilidade da filha, garantindo que, em casa e na escola, a disrupção era contida pelo equilíbrio das refeições na mesa e da roupa lavada. Em vez da nossa mãe, tínhamos, pelo menos, a mãe da nossa mãe. Era uma vida copiada da anterior, os mesmos horários, a mesma escola e os mesmos amigos, as carcaças cozidas no forno a lenha da padaria, as moedas para comprarmos os cromos do Mundial de 1986.

O meu pai saía cedo para trabalhar, chegava tarde. Havia que pagar o empréstimo para a operação em Londres, as despesas do funeral, o colégio e a hipoteca do negócio. Essas façanhas diárias do pai, aos olhos de familiares e amigos, deviam esconder a apreensão, se não mesmo o pânico, daquele homem viúvo para quem os deveres do casal estavam estabelecidos havia catorze anos: a minha mãe tratava da casa e dos filhos; ele assegurava que, ainda que tivesse de trabalhar a semana inteira, nada nos faltaria. Mas havia deslizes: por vezes, ele calçava um sapato diferente em cada pé; esquecia-se de que colocara algo em cima do tejadilho do carro, abria a porta e arrancava de seguida.

Tal como a presença da minha avó naquele apartamento, a abnegação do meu pai pretendia apaziguar a rutura com a vida anterior. Salvar a família da calamidade financeira era a continuidade possível para o seu sentido de dever — o mesmo que o levara a embarcar a minha mãe, num avião para Londres, quando já ninguém acreditava que ela pudesse ser salva.

Porque a dor pode ser solipsista e egocêntrica, não sei até que ponto nos dávamos conta de que, embora a perda fosse a mesma, cada um naquela casa tinha a sua dor. A mãe que fica sem a filha. Os filhos a quem morre a mãe. O marido que perde a mulher. Cada um tinha também o seu número de escapismo. Se o meu pai trabalhava muito e, por vezes, ia a boates com os amigos, o meu irmão desinteressava-se da escola, passando tardes inteiras numa casa de jogos para maiores de dezasseis anos, não queria ir a visitas de estudo, andava à porrada, beijava miúdas na boca. Nesse rapaz revoltado com a morte da mãe, que começou a fazer o buço e era tão alto como o pai, a puberdade encontrou o melhor guerrilheiro para levar adiante os seus planos de testosterona, afirmação e rebeldia.

Fiz treze anos um mês e um dia depois de a mãe morrer. Não queria bolo, não queria festa, não queria nada.

A minha avó ia todas as tardes ao cemitério. No ano e meio que ficou a tomar conta dos netos, só vestia roupa preta, incluindo cintas e sutiãs. Tinha um fio de ouro com um retrato da minha mãe — o mesmo da campa e do obituário no jornal. Por vezes, eu dormia com ela, no quarto de hóspedes, e rezávamos o terço antes de dormir. Costumava dizer aos netos que não deviam chorar, porque isso mantinha os mortos no mundo dos vivos, mas comentava com toda a gente que, de noite, via a filha aos pés da cama.

"Não podíamos chorar de dia", contou-me o meu irmão.

"Por isso, eu esperava para ir para a cama, apagava a luz e chorava. Mas a avó era só suspiros. Uma vez, estávamos a ver televisão, disse-lhe que parasse de suspirar, já não aguentava aquilo."

Certa manhã, a minha avó informou que eu não iria à escola porque tínhamos consulta marcada com uma espírita. Depois de meia hora num táxi, fomos recebidos numa mansão por uma mulher que poderia fazer de condessa numa série policial britânica. Tinha um só anel e sardas nas mãos elegantes. Não havia ali bolas de cristal nem ciganas a ler a sina. O seu cabelo branco, bem penteado, e a sumptuosidade dos tapetes e dos retratos a óleo, tal como o fato de não cobrar dinheiro, diferenciavam-na dos restantes charlatães, da mesma forma que o papa a acenar, numa varanda do Vaticano, parece mais infalível do que um chefe índio durante a dança da chuva.

"Tenho um recado da sua filha, dona Margarida. Ela diz que está bem, que tem muitas saudades dos meninos e que os vigia enquanto puder."

"Pode perguntar-lhe se precisa que mande rezar umas missas por ela?"

A avó Margarida costumava mandar-me entregar dinheiro ao padre, para que ele dissesse o nome da minha mãe durante a comemoração dos defuntos. E nem ouvir "Rosa Maria", entre os nomes de outros mortos, podia contradizer os milagres que eu já ouvira o padre gabar a Jesus. Se o filho único de deus quisesse, um dia nós chegaríamos da missa e a minha mãe estaria a passar a ferro diante da televisão.

Durante mais de um ano, eu podia ver, da porta do colégio, o cemitério onde ela estava. Tinha em conta as histórias, contadas pela minha avó, sobre as santas a quem continuavam a crescer o cabelo e as unhas depois de mortas e exumadas para adoração dos peregrinos. Se um vizinho ou um empregado de café diziam "Descanse, dona Margarida, que a sua filha está com deus", eu julgava que não podíamos abandonar as orações e o choro. Caso contrário, a minha mãe deixaria de aparecer aos pés da cama da minha avó, sumindo para sempre, inacessível a todas as minhas tentativas de contato.

Sequelas do trauma incluem, com frequência, surtos de alucinação relativos ao objeto da perda. A história do luto é tão rica em aparições de fantasmas como a poesia ultrarromântica. Nunca julguei ver o espírito da minha mãe, tampouco senti a sua presença na casa. O que eu sentia era a brutalidade da sua ausência — inarredável, sem solução, o silêncio soprando nas veias como no interior das paredes de uma casa devoluta. Porém, muitas vezes falei com ela, fazendo uma espécie de telefonema intergaláctico, em que primeiro era preciso marcar o indicativo de um pai-nosso, e então, estabelecida a linha entre os mortos e os vivos, pedia-lhe que voltasse ou, pelo menos, e como rogava a avó Margarida durante as orações, que a sua alma estivesse na paz do Senhor. Tantas outras vezes acreditei que, ao abrir uma porta, a minha mãe estaria do outro lado. Não um fantasma, não de visita, mas para me dizer que apanhasse os carrinhos do chão, vestisse o pijama e me fosse deitar porque no dia seguinte havia escola.

Os rituais não apaziguam os mortos, só têm serventia para os vivos. Em pequeno, via as crenças e práticas da minha avó como a observância compulsória dos mandamentos do luto e a única forma de comunicarmos com a minha mãe. Hoje, tudo me parece superstição e pensamento mágico. Mas percebo que, ao partilharem a credulidade — tal como quando dormiam na mesma cama —, o neto e a avó se sentiam menos abandonados, um jogo de espelhos de compreensão e consolo. Fosse a assistir à missa, a deixar umas botas no sapateiro ou a cortar o cabelo no Salão Lena, o neto e a avó eram parceiros no negócio da transferência:

eu, a ocupar o lugar da filha; ela, a fazer a vez da mãe. Com o seu peito abundante e ancas largas, com os seus cozinhados e prontidão para me fazer as vontades, até mesmo no sentimentalismo imoderado e religioso, ela era a fartura proverbial em que, geração após geração, as mães banham os seus meninos, esperando que eles permaneçam para sempre os seus meninos.

Compreendo que, para o meu pai, o negócio não funcionava da mesma maneira — a sogra nunca poderia ser um substituto da mulher. E o luto da minha avó era expansivo, grandiosamente elegíaco, exigia o mausoléu de mármore que ela mandara construir para a filha no cemitério e que o meu pai, a somar a tantas dívidas, teve de pagar do seu bolso. Ele não vestia de negro, visitava a campa sozinho, não falava da morte, fazia o luto como um homem que acorda todas as manhãs, levanta as golas do casaco e caminha pela estepe inóspita, esperando chegar um dia a outro lugar.

O tempo do desgosto tanto pode ser *molto vivace* como *sotto voce*. O luto da minha avó era perpétuo e improgressivo, não tinha um desfecho, como só pode ser o luto de alguém que perde um filho. Por sua vez, o luto do meu pai era a metamorfose perante o vazio, uma comissão de serviço que precedia o inadiável segundo ato da sua vida.

Entre os dois irmãos, ou entre o pai e os filhos, era impossível mencionar que a mãe morrera — ou sequer que vivera. No livro *A Grief Observed*, sobre a morte da sua mulher, C. S. Lewis sugere um motivo para essa desaparição nas conversas entre pais viúvos e filhos órfãos. "Não posso falar dela aos miúdos. No instante em que tento, parece surgir nas suas caras não sofrimento nem amor nem medo nem piedade, mas o mais fatal dos não condutores: o embaraço. Eles agem como se eu tivesse cometido uma indecência. Estão à espera que pare. [...] Não posso culpá-los. Os rapazes são assim."

Para nós, o impedimento não resultava apenas da vergonha. Nesse ano e meio de luto, e ao longo da vida, os três procurámos seguir o modelo masculino da invulnerabilidade. O homem que não chora. Sofrer era uma forma de rendição, e qualquer brecha no decoro das fraquezas seria uma desonra, como se a única dignidade possível residisse na contínua insubmissão ao desaire. Julgávamos fazer parte da mesma epopeia sem vencedores. Primitivos na dor e primários no instinto de preservação, quisemos ser os mais fortes, sem saber que assim ficaríamos também mais sozinhos.

Durante a cerimónia judaica da *matzeiva*, cobre-se o túmulo com um pano negro, em sinal de luto. Após uma oração, remove-se o pano. Nós lançámos o pano assim que a minha mãe morreu, mas, ao longo de décadas, não conseguimos regressar para ver tudo aquilo que deixáramos sob o peso negro do tecido.

Estudos acerca do luto das crianças costumam sugerir ações terapêuticas como soltar um balão com o nome dos pais defuntos ou escrever-lhes uma carta; organizar homenagens e guardar algum objeto simbólico. Outro dado comum é o arrependimento que pais e filhos, já adultos, assumem por não ter falado sobre a morte, o que só prova a frequência do bloqueio. Para nós, nunca poderia ter sido de outra maneira: imaginar-nos a soltar balões ou a escrever cartas seria o equivalente a aparecer nas trincheiras com o traje branco da primeira comunhão.

Havia ainda o luto do respeito e da moral. Perguntava-me quanto tempo a minha avó andaria de preto e quantos anos passariam até que o meu pai pudesse casar-se com outra mulher. Quantas vezes teríamos de ir ao cemitério e mostrar contrição nas festas de aniversário e no Natal? Eu cumpria os ditames do luto com o mesmo ímpeto com que desejava livrar-me deles. “O teu irmão ficou mais sério, menos falador, mas tu não, continuaste uma criança alegre”, contou-me a minha avó. No entanto, a criança alegre encontraria, muitos anos depois, nas palavras do enlutado C. S. Lewis, uma descrição aproximada do estado de espírito ao qual queria escapar: "Embora me esqueça do motivo, sinto que sobre tudo se espalha uma vaga sensação de equívoco e de algo que está em falta. Como naqueles sonhos em que nada de terrível acontece — nada que pareça notável, se o mencionarmos ao pequeno-almoço —, mas em que a atmosfera, o sabor, tudo é sepulcral".

Um dia, o meu pai sentou-se com o Pedro no carro, num parque de estacionamento, e disse-lhe que tinha conhecido uma mulher. O filho mais velho, então com catorze anos, respondeu de uma forma simples àquilo que era complexo: "Só quero que sejas feliz".

Em breve mudaríamos de colégio, de casa e de cidade. A minha avó voltaria para o Algarve, onde o meu avô entretanto começara um romance que duraria dezasseis anos. Encerrava-se o luto oficial. O que sobrara da roupa da minha mãe foi oferecido a amigas. O resto desapareceu. Durante um ano e meio, a morte dela mudara tudo e, no entanto, não mudara nada, porque o luto era estático — a travessia da noite mais longa numa pista circular que não levava a lugar algum. Mas agora, que a casa estava vazia de móveis e o camião das mudanças esperava na rua, eu acreditava que a vaga sensação de equívoco, e de algo que estava em falta, desapareceria com a mesma presteza com que acabariam as missas e a roupa preta. Ficar naquele apartamento, esperando alguém que não regressaria, mostrara-se tão infrutífero como os pais-nossos rezados de joelhos. O movimento e a novidade pareciam-me muito mais apelativos do que aquelas divisões sem móveis ou retratos. Para um miúdo com nove anos, o passado dos lugares era demasiado pequeno para que o considerasse território soberano do apego e das saudades. O meu património era o meu pai e o meu irmão. Rumávamos os três a uma nova fronteira.

No *Diário do luto*, no qual Roland Barthes escreve sobre a morte da mãe, procuro duas entradas.

> *27 de outubro*
>
> *Assim que um ser morre, construção desvairada do futuro (mudanças de móveis etc.): futuromania.*
>
> *7 de dezembro*
>
> *Agora, por vezes, sobe em mim, inopinadamente, como que uma bolha que rebenta, a constatação: ela já não existe, ela já não existe, para sempre e totalmente.*

Sublinhei essas passagens porque definem aquilo que começou no dia em que mudámos de casa e perdura ainda em nós. Mesmo que não tenhamos removido o pano negro, com o intuito de nos dedicarmos apenas à construção desvairada do futuro, a constatação de que a minha mãe já não existe é ainda para sempre e totalmente.

11. Um lugar sem mulheres

Depois de um ano e meio, o luto oficial fora levantado e iniciava-se um período transitório. Não nos mudámos logo para a casa onde passaríamos a década seguinte, mas para um apartamento mínimo, perto do estádio do Estoril Praia, com uma quitinete, um quarto com uma cortina em vez de porta, e a sala onde dormiam os filhos. Rita, a mulher que o meu pai nos apresentara meses antes, passara a viver conosco e ajudava-o no restaurante e na loja. Nos fins de semana, o seu filho visitava-nos. Embora nada fosse certo e, a determinada altura, a Rita tivesse abandonado o apartamento para regressar um par de meses mais tarde, a ideia de ter uma mãe e outro irmão prevalecia sobre a insegurança dos arranjos provisórios. Sem subestimar o desafio que é um viúvo, com dois filhos, recomeçar a sua vida amorosa, juntando duas famílias numa só, a verdade é que a mudança mais presente para mim era a nova escola, onde passava toda a semana entre as oito da manhã e as cinco da tarde.

Separado do mar apenas pela marginal e a linha de comboio, o colégio dos Salesianos do Estoril era um mastodonte de edifícios com arcadas em pedra e inúmeros campos pelados, um pavilhão de hóquei e outro de ginástica, uma papelaria, uma mata de pinheiros, uma capela com tamanho de igreja, e, nos corredores e no recreio, o frémito indomado dos mil e quinhentos rapazes sempre que tocava a campainha na hora do intervalo. Como um náufrago que chega a um reino por descobrir, tive de aprender uma infindável lista de códigos e regras.

Ao contrário de outras instituições religiosas, os castigos físicos não eram sistemáticos e organizados nem se montara um esquema de abusos. Mas num colégio só de rapazes, uma década apenas depois do fim da ditadura, a disciplina era preponderante na abordagem pedagógica, segundo a qual o padre Machado podia distribuir carolos a quem chegasse atrasado ao almoço e o contínuo Bigodes estava autorizado a lançar o seu molho de chaves à cabeça dos alunos. Nas aulas de Religião e Moral, os slides projetados exortavam-nos a dar a outra face e a amar como Jesus amou. Já nas aulas de Francês, mais generosos do que o Messias, oferecíamos as duas faces às mãos do professor Sales Gomes, uma vez que as suas bofetadas chegavam sempre aos pares.

No início do ciclo preparatório, os Salesianos permitiam a chegada de rapazes de outras escolas, criando para esse efeito a turma D: trinta e cinco desconhecidos, considerados pelos outros estudantes como os meninos-gorila, trazidos do mato para a civilização a fim de serem refinados, na esperança de que, como instigava o hino do colégio, pudessem "mostrar pela vida fora/caráter varonil".

A turma D: miúdos que se tratavam pelo número e por alcunhas, em vez do nome, chegados de Sintra, Linda-a-Velha, Macau, África ou Brasil, mas também a prole das boas famílias da Linha, uma combinação de Bernardos e Sérgios, filhos de ministros, e a nova classe média que esperava o primeiro diploma universitário da família.

Os Salesianos garantiam rigor, educação sólida, estatuto — e um elenco de grotescos matusaléns que assegurava o funcionamento da escola.

Havia o senhor Herculano, que supervisionava os balneários do ginásio. O vinho circulava no labirinto de derrames que alastrava pelo seu rosto. Talvez a obrigação de lavar as casas de banho, onde os meninos da escola privada mijavam e cagavam displicentemente, explicasse os seus modos de cocheiro misantropo que não falava com ninguém.

No recreio, o senhor Costa, motorista da carrinha do colégio, que falava com voz de bebé, aparecia nas nossas costas e dava um grito. O susto dos miúdos deixava-o em êxtase. Era o ponto alto do seu dia.

O padre Pinóquio, italiano e pencudo como o boneco de Gepeto, era o único que vestia sempre batina. Gostava de fazer cócegas aos miúdos, o que talvez fosse apenas um gesto de candura mas nos punha em andamento assim que ele aparecia. Esse bando de quasímodos vivia em quartos, no último andar de um dos edifícios do colégio. Na imaginação trocista dos alunos, esse piso era descarnado como a cela de um mosteiro, em cada quarto um segredo, túnicas de dormir, barretes e penicos, toda a noite um choro miudinho, recitações da Bíblia, relatos de futebol na rádio e um estalar de lábios depois de um gole de tinto pela garrafa.

Numa tarde de 1986, o professor Mocho levantou-se da sua secretária, desceu o estrado, caminhou entre duas filas de carteiras e, chegando ao fundo da sala, perguntou-me:

"Que aula é esta?"

Chamávamos-lhe Mocho porque tinha cabeça de ave carnívora, olhos grandes e rotativos, mãos magras, de múmia.

"Estudos Sociais", respondi, reconhecendo a tortura do interrogatório antes da aplicação da pena.

"E esse livro é de quê?"

"Inglês."

"Então porque é que estás a fazer os trabalhos de Inglês na aula de Estudos Sociais?"

"É que ontem..."

Porque as perguntas retóricas eram parte do crescendo de terror e não deviam ser respondidas, a mão do Mocho aterrou magnificamente na minha cara, um bofetão de nota máxima. Tínhamos medo da dor física, claro, mas a humilhação era mais duradoura do que uma bochecha flamejante e os pontinhos prateados que piscavam no campo de visão após o impacto. O professor Belarmino, por exemplo, entendia que o ensino da Biologia tinha a ganhar caso fôssemos enxovalhados no feminino. "Caladas, suas estúpidas", dizia antes de nos apertar os mamilos e os rodar com força.

O professor de Trabalhos Oficinais, também ele morador do último andar, tinha o tique de morder a língua. Dizia "Vós tendes de estudar mais", com sotaque de seminarista, e ditava a história universal da tecelagem — que éramos obrigados a escrever no caderno — num tom monocórdico, borbulhante de saliva, enquanto uma pasta branca se formava nos cantos da sua boca. Na semana em que, nas oficinas, tínhamos começado a serrar as ripas para fazer um tear, o professor, farto de ouvir os alunos atrasados que batiam à porta, pegou num pedaço de madeira e, lá fora, assentou um golpe na cabeça do número 23, também conhecido como o Mascarretas. Vi o sangue esguichar-lhe do escalpe, miúdos aos gritos, e o professor a fechar a porta. Na semana seguinte, com pontos na cabeça, o Mascarretas teve de sentar-se numa aula com o seu carrasco. E até ao final do ano letivo.

O professor Barata odiava os comunistas portugueses que

tinham entregado as províncias ultramarinas aos comunistas africanos. Deixara fazendas e casas em Moçambique. A sua chegada a Lisboa — "com uma mão à frente e outra atrás", como costumava dizer — mas também a viuvez e o velho Renault 5, onde se fechava para dormir a sesta, davam ideia do tamanho da sua amargura e solidão. Logo na primeira aula, mandou-nos abrir o livro. "Estão a ver onde diz que a terra é um meio de produção? Só na União Soviética. Rasguem essa página." E fomos avançando pelo manual escolar, arrancando todas as folhas com propaganda revolucionária, enquanto escutávamos o primeiro de muitos adágios: "Eu sou da geração atraiçoada, os vossos pais da geração comprometida, e vocês da geração regeneradora". O arroubo do seu asco pelos comunistas só encontrava par no descaramento da sua mitomania. Matara dois búfalos com uma bala. Pudera dormir ao volante de um jipe porque as retas africanas tinham centenas de quilómetros. Impedira um assalto apenas com as palavras: "Não tenho dinheiro, não te dou dinheiro, e estou armado".

Por vezes, do nada, dizia: "Tu, salta aqui para a frente que vais ser chamado, hoje é dia de torniquete". Ninguém voltava do quadro ileso do vexame. Ele tirava da sua pasta uma fotografia, mostrava-a ao resto da turma, "Isto é o que tu és", e todos os alunos, sabendo como aquilo sossegava os maus espíritos do professor, riam da foto de um jumento com chapéu de palha.

Mas o opressor mais temido, mestre do suplício psicológico, artista-mor dos bofetões, entrou pela primeira vez na sala e, quando nos levantámos em sinal de respeito, de acordo com as regras da escola, ele abriu a largura dos braços, mostrando as mãos como se fossem pistolas: "Não quero ninguém em pé quando entro. Comigo é tudo diferente. Tu, com a camisola atada à cintura, por acaso isto é uma escola de raparigas? Nas minhas aulas, não há saias".

Por muito que tivéssemos sido avisados sobre os autos de fé nas aulas do professor Sales Gomes, não podíamos antecipar o temor de ir ao quadro escrever o sumário em francês. Mesmo que fôssemos Proust ou Voltaire, ele acabaria por encontrar um erro que serviria de pretexto para a escalada do seu ultraje com a nossa estupidez. Chamávamos a esse progressivo descontrolo, instigado pelo próprio professor, "o efeito bola de neve". Tratava-se de um monólogo. "Estás a olhar para o teu o colega por quê? Não estavas a olhar? Então sou mentiroso, é isso?" E começavam os tiques. Empurrava os ombros para a frente, sacudindo do casaco todo o desdém. "Vai mas é tomar banho de cuspo." Caminhava como um velociraptor, passos que pareciam pulos, e afastava os dedos das mãos, transformando-os em tentáculos. "Se dizes que sou mentiroso, estás a faltar-me ao respeito, e, se me faltas ao respeito, levas já uma falta disciplinar. Ou preferes uma lambada?"

Exigia que tivéssemos uma caneta azul, uma preta e uma vermelha, esta última usada apenas por ele. "Não vou gastar a minha tinta a corrigir os vossos erros", informava. Tal como o deus que nos criou doentes e ordenou que fôssemos sãos, o professor Sales Gomes entregava-se ao desígnio de castigar a falibilidade dos adolescentes a seu cargo — porque francês, com ele, ninguém aprendeu.

A sala tinha de estar arejada, com as janelas abertas, e o quadro devia ser apagado muito antes da sua chegada. Numa tarde quente, passou esbaforido pela porta, sem entrar, o que nos deixou em sobressalto. O que estava mal dessa vez? Por fim, cruzou a mistela de suor e giz que empestava o ar. "Quem é que apagou o quadro?"

O número 1, também conhecido como o Mongoloide, respeitou o silêncio que antecedia o abate do cordeiro de deus. Só depois assumiu a ofensa. "Fui eu!"

"Levanta-te", ordenou o professor.

Os ombros e as mãos a crescer.

"Levanta-te."

E o Mongoloide, como todos nós, paralisado por um dilema: se permanecesse sentado ia apanhar; se obedecesse ao comando também. Tentou erguer o corpo, apoiando as mãos na mesa, e, a meio caminho, o seu crânio absorveu a pancada, o cabelo explodiu como um cogumelo atómico, e o Mongoloide entrou por fim para o quadro de honra dos bofetões de *monsieur* Sales Gomes.

Toda esta coação era depois descarregada pelos estudantes nos jogos violentos do recreio. Não havia uma semana sem várias cenas de pancadaria. Os conflitos resolviam-se com a imposição física ou, pelo menos, com o talento para o insulto. Era tão prestigiante o humor numa picardia verbal como a bravura numa luta de punhos. Havia hierarquias às quais obedecer, mas também a admiração lograda por aqueles que as desrespeitavam. Se os mais velhos chegassem para jogar no nosso campo — "Baza, puto, ou queres levar no focinho?" —, não saíamos sem que um de nós dissesse, antes de começar a correr:

"Gajos como tu, três na boca e um no cu."

Falávamos duas línguas. Uma era vulgar e sardónica, outra pastoral e reverente. De joelhos na capela, com o corpo de Cristo colado no céu da boca, debitávamos pais-nossos e entoávamos hossanas, mas na hora seguinte praguejávamos como jagunços, transformando o recreio num circo de jogos romanos: o corredor, o poste, a Maria. E, mesmo que fôssemos obrigados a vestir de branco, da cabeça aos pés, para as aulas de Educação Física, a corrupção da pureza era compulsiva. Nos campos pelados, os jogos de futebol eram uma carnificina que o professor Gigante raramente interrompia. No final, com hematomas nas canelas e a roupa branca enlameada, regressávamos aos balneários tão orgulhosos como quando pervertíamos as letras dos cânticos da missa e *shalon* passava a ser *chamon*.

Onde há perseguição, costuma haver revolta; se a injustiça é comum, logo surgirá um desagravo. Certa manhã, na estação do Estoril, um comboio iniciou a marcha e ganhou velocidade. Dezenas de alunos, acabados de desembarcar, repararam no rapaz que, pendurado na porta, desferiu um golpe tremendo na nuca de *monsieur* Sales Gomes. Na hora seguinte, a notícia da impotência no rosto do grande tirano, após o ataque, correu entre os alunos como se uma bomba tivesse explodido no Olimpo.

Hoje vou em busca do sacrário das coisas guardadas há anos numa garagem. Na moto, percorro a marginal entre Lisboa e o Estoril. Chego ao bairro de vivendas com jardim, rodeado por um pinhal, onde vivi desde os onze aos vinte e dois anos. Sinto a mesma fragrância da resina dos pinheiros, mas não vejo crianças ou cães na rua, como acontecia nos fins de semana e depois das aulas. Passo pela casa do Castro, que morreu, do Sueco, que morreu. Passo pela quinta do milionário que tinha um leão e uma bomba de gasolina na propriedade, mas que, apesar da extravagância e do dinheiro, também morreu.

Toco à campainha da casa onde cresci. Vejo a luz acender-se sobre a câmara. (Quando éramos miúdos, não havia câmara e o portão nunca estava trancado. Se nos esquecíamos da chave de casa, trepávamos ao telhado e entrávamos por uma janela.) Oiço o clique elétrico da fechadura e abro o portão.

No segundo ano letivo nos Salesianos, a família mudou-se do pequeno apartamento, perto do estádio do Estoril, para esta casa com dois andares. Frederico, o filho do primeiro casamento de Rita, passou a dividir um quarto comigo e também foi inscrito no colégio. Éramos agora três irmãos, e em breve seríamos quatro: Rita estava grávida de um rapaz. Porque trabalhava seis dias por semana com o meu pai, incluindo sábados e domingos, mas também porque grande parte do nosso tempo era passado numa escola de rapazes, acabara-se a vida matriarcal, os anos em que a mãe estava sempre em casa: a mãe tinha morrido, agora só havia o chamamento tribal dos irmãos e dos colegas, a certeza de que fazíamos parte de um grupo clandestino cuja missão era sobreviver no colégio.

Existíamos num lugar dominado pelos homens e pelas suas pulsões. Além disso, a adolescência transferira o objeto feminino da carência do filho órfão. Como todos os rapazes da minha idade, desinteressei-me da mãe e sucumbi a uma crescente obsessão por mamas, revistas pornográficas e masturbação. Não podia, nem queria, ser o menino da matilha. O calendário biológico da puberdade libertou a enxurrada da testosterona. Os pelos do baixo-ventre, a descida dos testículos e a novidade estrondosa da ejaculação eram, simultaneamente, os ritos de passagem e os superpoderes resultantes da metamorfose.

Mais do que colo e ternura, os rapazes queriam a bravata da luta, a afirmação no clã. Desprezávamos a segurança, preferindo saltar das rochas para o mar ou do comboio em andamento para a plataforma. O corpo era um déspota, um engenho esfuziante. Pedia-nos a nudez feminina, impunha-nos ereções sem pré-aviso ou estímulo sexual — durante a missa, na fila da cantina, quando um professor nos chamava ao quadro. Éramos controlados por um único pensamento, crentes no monoteísmo da nossa devoção carnal.

Quando fugíamos da escola no intervalo do almoço, saltando o muro, para nos encontrarmos com as miúdas de um colégio vizinho, bastava o vislumbre do rebordo de um sutiã, entre dois botões da camisa da farda, para que tivéssemos a experiência erótica mais avassaladora de sempre; e a sua mera evocação, semanas mais tarde, causava ainda o desconcerto físico da primeira vez.

O tumulto físico da adolescência provocava em mim as grandes esperanças que atraiçoaram Sansão, enlouqueceram Quixote e desgraçaram Otelo. Bastava dançar um *slow*, numa festa de aniversário, para que construísse fantasias amorosas e iniciasse a prática secular de escrever maus sonetos.

Havia poucas mulheres na minha vida. E essa falta animava os delírios da paixão, criando um contraponto para a ausência da mãe e para a implacabilidade dos alunos de "caráter varonil". No colégio, não podia haver pieguices ou capitulação, só a perícia física, a supremacia das piadas, a defesa da honra. Mas em casa, enquanto gravava cassetes com baladas da rádio, ou nas matinés de cinema, com miúdas por perto, eu julgava ter o mesmo coração dos grandes românticos.

Com catorze anos, conheci a minha primeira namorada de verão. A Sofia era do Porto, mas passava férias no Estoril, em casa dos tios. Tinha cabelo curto de atriz do cinema mudo e era mais velha um ano. Preferia vinho, quando todos bebiam cerveja, e certa noite tirou-me um cigarro da boca.

"Não precisas disso para me impressionar."

Pegou-me na mão. Um sorriso inédito, o dente encavalitado, o bater das pestanas.

"Vamos dar um mergulho."

Levou-me pelo túnel sob a linha do comboio, que acabava na praia, e tirou o vestido, ficando apenas com a roupa interior. Quando regressou do mar, o seu corpo quente deixou um rasto de vapor e fosforescência na escuridão. Sofia colocou os braços no meu pescoço, milhares de piquinhos de frio, gotas escorrendo--lhe do cabelo. Encostou-se a mim, primeiro a boca e a língua, depois o púbis e a barriga. Por fim, os mamilos pressionaram-se contra o meu peito e agarrei-lhe na cara como vira num filme. Ela pegou-me numa mão e pousou-a no sutiã molhado.

Se há quem só precise que lhe mostrem um herói para escrever uma tragédia, bastou-me uma noite de verão para iniciar o primeiro volume daquelas que, nos anos seguintes, formariam as obras incompletas de um rapaz enamorado.

Tínhamos apenas duas semanas, depois ela regressaria ao Porto. O romantismo da distância ainda nos levou a trocar correspondência durante alguns meses. Mas um dia o meu pai apareceu com uma carta da Sofia na mão e disse: “A tua namorada são os estudos, ouviste?”. Também não queria raparigas lá em casa. Por isso, o Pedro fazia entrar as suas conquistas pela janela a meio da noite. Com a porta trancada, e graças aos longos períodos em que pai e filho não se falavam, era menor o risco de ser descoberto.

Certa manhã, vi a silhueta de uma mulher nua na ombreira da porta do seu quarto. Uns minutos depois, chegou um táxi, o portão abriu e fechou. Então, o Pedro apareceu na cozinha, todo bíceps e peitorais, triunfante como se a Humanidade o ovacionasse de pé pelas suas proezas na cama. No copo do liquidificador, enfiou leite, proteínas em pó, duas bananas e um ovo cru.

“Era a tua namorada nova?”, provoquei, entre duas colheradas de cereais com chocolate.

Ele rodou o botão do eletrodoméstico e respondeu-me com um minuto de ruído. Abriu a tampa do copo e bebeu tudo de uma vez.

“Vai mas é levantar uns pesos, trinca-espinhas.”

“Quando é que apresentas a tua namorada nova à família?”

“Já a conheces, puto, ou julgas que não te vi a espreitar?”

Deixei que ele saísse da cozinha, criando a distância necessária: “Hoje vais roubar o carro ao pai outra vez?”.

Eu acreditava que ter bom aproveitamento escolar e manter a ousadia na medida certa era a melhor forma de atravessar a adolescência num colégio de padres e com um pai intolerante aos namoros e às notas médias na caderneta — um pai que, embora raramente nos batesse, não dispensava uma bofetada para remediar o que considerava faltas de respeito. Já o meu irmão andava de moto sem capacete e fugia aos carros da polícia. Não se preocupava nos dois primeiros períodos escolares, mas no último levantava as notas e ouvia o meu pai dizer: "Tu tens capacidades, não queres é trabalhar". O meu irmão: um dos beneficiários dos testes roubados da sala de professores, numa noite, quando o Canina se untou com óleo Johnson e se esgueirou pelas grades de uma janela dos Salesianos. O meu irmão, que, quando entrou para o colégio, numa turma com alunos que estudavam juntos havia dez anos, escolheu o papel de maluco que não tem medo de nada, a fim de ser respeitado. Na escola, eu aproveitava-me da sua notoriedade e instinto protetor. Ninguém queria enfrentar o tipo das botas texanas só por ter passado à frente do idiota do seu irmão mais novo na fila para a cantina.

Em casa, o Pedro era o primeiro a cruzar a fronteira das proibições. Com dezoito anos, alto, musculado e bonito, rasgava as curvas da marginal com uma miúda à pendura na moto. Era capaz de aguentar um combate com o temível Traineira e de sair intacto de um automóvel capotado. O meu irmão: o Édipo de serviço, tão empenhado em fulminar o poder do pai como o pai parecia em abafar a individualidade do filho. O Pedro tornava-se um homem, mas talvez não o homem domesticado, com as namoradas certas e o título de doutor que o pai exigia.

"Tudo o que eu faço é para o vosso bem", dizia o pai. Apesar da declaração de boas intenções, eu hesitava sempre diante da porta do seu quarto, roendo as unhas — um hábito que começara após a morte da mãe —, antes de pedir que ele assinasse um teste "Satisfaz", enquanto ensaiava uma justificação que, apesar de sincera, não serviria de atenuante para a sua desconfiança com os filhos.

"Houve imensas negativas, ninguém teve boa nota."

"Os outros não me interessam, com o mal deles posso eu bem."

Em parceria com a Rita, o meu pai saía de manhã, deixava--nos na escola, passava o dia a trabalhar no restaurante e na loja. Regressava apenas ao anoitecer. Os filhos costumavam jantar sozinhos. Pouco depois das nove, o casal, que tinha a seu cargo três mensalidades do colégio e a adição recente de um quarto filho, recolhia aos aposentos no primeiro andar, fechava a porta, ligava a televisão. Tal como na escola, havia dois contingentes em tensão que ocupavam partes distintas do mesmo território. Os três irmãos ficavam no piso térreo, na pequena sala que o pai mandara construir de forma a confinar os modos abrutalhados dos filhos, que, desrespeitadores da propriedade alheia, o enlouqueciam quando levavam comida para o sofá ou punham os pés sobre a mesinha de vidro. "Dão cabo de tudo, acham que as coisas não custam a ganhar?" Se requisitava a nossa presença durante uma reparação doméstica, tornava-se evidente como éramos imprestáveis. "Pareces um atrasado mental, nem um martelo sabes usar."

Numa manhã de sábado, bem cedo, entrou nos nossos quartos e perguntou:

"Querem ir trabalhar para o restaurante ou ficar em casa?"

"Queremos ficar em casa."

"Vocês não têm querer, vai tudo trabalhar."

Passámos muitos fins de semana naquele restaurante, mas era claro que três rapazes preferiam não fazer nada, ou sequer se interessavam pela tenacidade laboral que ele nos queria ensinar. Achávamo-lo tirânico, injusto, volátil e narcísico. Ele considerava-nos ingratos, mal-intencionados, interesseiros e preguiçosos. Os seus longos e repetitivos sermões eram tão desesperantes para nós como o revirar de olhos dos filhos era odioso para ele. Se queríamos pedir dinheiro ou autorização para ir a algum lado, tínhamos de proceder a uma espécie de beija-mão real, bater à porta do seu quarto, sempre fechada, e aguardar a resposta: "O que é que foi?", antes de iniciar a via crucis da subserviência. Mas ele não batia antes de entrar nos nossos quartos, revistava-nos as gavetas, lia as nossas cartas.

"Isto parece um arraial", dizia ao fazer a ronda pela casa antes de dormir, apagando as luzes acesas pelo caminho.

Os filhos inflacionavam a conta da luz, do telefone e do minimercado, que guarnecia a fome de três adolescentes que retraçavam doze carcaças antes do almoço e exigiam roupas de marca.

"Sabem os sacrifícios que fiz por vocês?", foi dizendo o pai, ao longo dos anos, exigindo reconhecimento, seguindo as instruções de sobrevivência a que recorrera durante a doença da mulher: trabalhar com sentido de martírio, sustentar a família e encontrar no poder financeiro o melhor expediente para manter a ordem e superar os reveses. Até hoje, o dinheiro é a arma com que tenta vergar os filhos à sua vontade.

Acredito que fomos todos vítimas e verdugos. Com os anos, foi crescendo a distância entre aquela porta fechada e a salinha da televisão onde passávamos os serões sozinhos. Nunca houve férias em família, a existência dividia-se entre eles e nós, o andar de cima e o andar de baixo. Mas ambas as partes nutriam essa separação, eram ramos da mesma árvore que divergiam do tronco e cresciam em direções opostas, cada vez mais longe das raízes, rasgando irreparavelmente as costuras da família. O que poderia ter sido apenas a provisória estação da adolescência, quando os filhos se despegam da ilharga dos pais, para regressarem anos mais tarde, tornou-se uma lenta deriva continental. Se fôssemos agora obrigados a permanecer juntos na mesma sala, não ficaríamos em silêncio apenas porque temos interesses distintos ou carateres antagónicos, mas porque, ao longo de décadas, a confrontação se tornou um exercício frívolo de egocentrismo e ressentimento. Um braço de ferro para apurar os donos da razão. Uma guerra que só tem vencidos.

Na vida do meu pai havia sempre um adversário, como se,

perdida a batalha da doença da mulher, ele não soubesse fazer outra coisa a não ser mostrar ao mundo que não voltaria a ser derrotado. Um Sísifo que ia à procura de mais pedras para carregar. Comovia-se ao falar do seu pai e arquivava os artigos que eu escrevia no jornal, mas era capaz de se mostrar distante e gélido com uma rapidez incrível — um truque a que os filhos muito têm recorrido em momentos de dor e confronto. Julgo que, caso ele tivesse um lema, seria: "A vida não tem folgas, é um encargo permanente".

Hoje, percebo quão estarrecedor terá sido para um viúvo reiniciar a sua vida com dois filhos. Ou que lhe parecesse, perante a possibilidade de um futuro falhado dos rapazes, que eles tinham de ser quebrados como cavalos selvagens. "Tudo o que eu faço é para o vosso bem", repetia ele.

Não recuso as boas intenções dessa cegueira. Talvez, após a morte da mulher, o receio do fracasso como pai fosse mais coercivo e o fizesse acreditar na pedagogia das imposições. O que são as certezas absolutas se não o medo de errar?

Não falar sobre a mãe fora, para o pai e os dois filhos, o primeiro instinto de proteção, uma forma de pragmatismo, a saída possível. Afinal, a presença de uma mãe morta seria um entrave ao início de uma nova família com uma nova mãe, numa nova casa, num novo colégio.

Nisso, pelo menos, os filhos imitaram o pai: para começar uma outra vida, era preciso abandonar a anterior.

Quando, há um par de anos, o meu pai me disse que eu era o mais desapegado da família, respondi que a relação entre um pai e um filho adulto não é feita de cima para baixo, mas de igual para igual, e que o meu desprendimento não era uma falha de caráter, mas o resultado da nossa interação ao longo de décadas.

Estava cansado de tentar provar-lhe que era um homem honesto, trabalhador, íntegro, e de receber e-mails que diziam "és uma desilusão". Entendia e aceitava, sem lhe fazer cobranças, que não fosse o pai da palmadinha nas costas, o incentivador, o campeão dos afetos. Mas não compreendia por que sempre pareceu tão empenhado em rebaixar e atacar os filhos que teve com a minha mãe.

"Vivi dez anos fora e nunca me foste visitar", disse-lhe.

"Não era preciso, tu vinhas cá."

Porque não queria ser uma criança aos seus olhos, não lhe disse que encontrara na garagem, e ainda por abrir, a coleção de filmes do Terence Hill e do Bud Spencer que lhe oferecera num Natal — os mesmos filmes que ele nos levava a ver no Éden e no Condes nos dias de folga.

Depois de fazer quarenta anos, um colega da minha turma no colégio perguntou ao pai porque, em pequeno, lhe dera tantas sovas de cinto, uma vez que também o pai fora alvo das tareias do avô. Ele respondeu: "Porque não sabia fazer de outra maneira". Julgo que esse era o sentido das palavras do meu pai quando dizia: "Sabem os sacrifícios que fiz por vocês?".

Se ele caminhara dez quilómetros todos os dias para a escola primária, se emigrara a salto, passara três anos na tropa, vendera quadros na rua e regressara de um hospital em Londres com a mulher num caixão, os filhos bem podiam apagar as luzes da casa e mostrar-lhe devoção.

O longo esforço de um filho para ser diferente do pai tem, tantas vezes, o efeito contrário. Herdámos o seu individualismo, pertinácia e intempestividade. Ironicamente, a desconfiança que mostrava com os nossos méritos e intenções fez de nós homens obsessivos com a afirmação do seu valor e boa-fé. O que não mata torna-nos mais fortes. E mais distantes.

Sendo o único progenitor vivo, o ascendente sobre nós era inescapável: o nosso medo, a nossa dependência, o nosso desejo de aprovação. E se o seu poder paternal não era suficiente para impedir as forças contrárias que surgiam na adolescência — a atração pelo risco, a ânsia de liberdade, a pulsão do amor romântico —, então ele compensava essa impotência tentando controlar tudo, desaprovando amigos e namoradas, salientando a nossa incapacidade para reconhecer aquilo a que chamava "más companhias". Em cada rapaz que fumava, ele via um gandulo; em cada miúda, uma corruptora dos filhos que, sem as ordens do pai para lhes traçar o caminho, acabariam a ter ideias próprias sobre a vida e a fumar heroína como o tio Jorge.

Quando pai e filhos discutiam, havia sempre gritos e portas a bater. Com o meu irmão, no entanto, o confronto chegava a ser simiesco, parecendo que a alegoria edipiana estava na iminência de se tornar física. Várias vezes provocou o Pedro, dizendo: "Queres andar à pancada comigo, é?".

Os filhos respondiam erguendo o tom de voz, mas jamais levantariam a mão — certas regras do sangue eram invioláveis para nós. Além disso, um par de chapadas era o limite da sua violência, e um par de chapadas nós aguentávamos bem. "Bate mais, não queres bater mais?", desafiei-o uma vez, porque, se ele continuasse, quem sabe o opróbrio se tornasse incontestável.

Por vezes, depois de um tabefe, ele dizia: "Quando bato num filho, fico pior do que vocês". Mas com mais frequência deambulava longamente pela casa, falando para um público imaginário de indignados — para ele próprio —, em mais uma emissão radiofónica de "Os meus filhos são um desgosto e não me dão valor". Nas manhãs que se seguiam ao confronto, entrava no quarto de outro filho, bem cedo, para continuar o solilóquio de queixas e ofensas. Aquilo que para nós era um tormento de tédio — ouvir falar mal de um irmão —, para ele era uma rotina a que, como tudo o resto, tínhamos de nos submeter.

Quando recusou que um amigo do Pedro, então com dezoito anos, dormisse lá em casa, o meu irmão disse, entre berros e acusações: "Se a mãe fosse viva, isto não acontecia".

Desde que terminara o luto oficial, eu jamais contemplara aquela suposição. Nunca me ocorrera qual seria a resposta à pergunta que encontrei em tempos num poema de Al Berto: "E se a morte te esquecesse?".

Só muitos anos mais tarde soube que o meu irmão ponderava amiúde essa hipótese, rebelando-se contra o fato de que a morte não a esquecera. Mas, por mais que ele dissesse "Se a mãe estivesse viva", não havia qualquer possibilidade de reparação.

Ela saiu de casa como se fosse voltar no dia seguinte. Mas não voltou.

Só queria despedir-me, não merecia não me ter despedido.

O que eu via no Pedro de anti-herói, e o meu pai de apetência para a marginalidade, podia, afinal, ser outra coisa.

Levava tudo ao limite. Não tinha medo de conduzir a moto bêbedo, de andar à porrada. Não tinha medo de morrer. Por vezes, revolta e autodestruição são a mesma coisa.

Estou há horas na garagem. Tudo se encontra impecavelmente arrumado, as máquinas de exercício que o meu pai não usa, as caixas de plástico com roupa de cama e os brinquedos do meu irmão mais novo, que é agora um homem casado. Tenho a garganta e os olhos irritados por causa do pó, as mãos sujas e a boca seca. Onde se guarda o passado há sempre humidade e esquecimento.

No armário-museu que me pertence, não encontro apenas lembranças e tralhas da minha adolescência. Porque vivi vários períodos fora de Portugal, ia deixando aqui o que não podia levar. Encontrei os cadernos do Sales Gomes e as cartas da Sofia. Manuais do colégio, convites para discotecas, a cédula militar. Fotografias de uma festa no terraço do prédio onde morei em Nova York, da equipa de futebol num pelado dos Salesianos, do meu pai e da minha mãe na Madeira. Fotografias em que estou em cuecas, num barco; e no baile de finalistas da faculdade, com um smoking ridículo; ou no apartamento minúsculo onde morei em Madri, sorrindo para a mulher que apertou o botão da câmara.

Encontrei o caderno de notas de uma reportagem que fiz na Venezuela, onde passei o Natal de 1999. No regresso a Lisboa, o meu pai e a Rita tinham-me oferecido uma pasta de trabalho. O cheiro do couro fizera-me lembrar a podridão dos cadáveres e do lixo na costa a norte de Caracas, após semanas de chuva torrencial e do colapso dos morros, onde milhares de pessoas viviam em bairros de lata. Dentro da pasta de couro encontro um jornal venezuelano e um desenho do meu pai: eu, com uma mochila às costas, segurando um bloco de notas e uma caneta; em segundo plano, a reprodução da capa da revista com a reportagem. Num canto, ele escreveu: "Recordação do pai, 27 de dezembro, 1999". Guardo o desenho para o levar comigo.

Há ainda uma fotografia da linhagem patriarcal no jardim da casa, todos em calções e tronco nu: o pai, os quatro filhos, os três netos.

Mas, por mais que procure, não encontro os desenhos que o meu pai fez da minha mãe, em folhas com o nome e a morada do hospital em Londres, tampouco as cassetes com a voz dela. O meu pai gravara algumas fitas nas quais eu, com quatro ou cinco anos, conversava com a minha mãe e cantava uma música do Festival da Canção. Tinha visto essas cassetes na garagem durante anos, mas nunca fora capaz de as ouvir. E agora não me lembro da sua voz. Não a posso guardar, levá-la comigo.

* * *

Pego no cão de peluche que nunca teve nome. Foi o presente da mãe no meu primeiro aniversário. Num dos álbuns há uma foto desse dia, na qual sopro uma vela e agarro o cão. É a primeira vez, em décadas, que toco em algo que ela também tocou. Ponho o peluche na mochila, juntamente com o resto do pequeno quinhão pilhado nessa garagem. Depois recolho a pasta de couro e entro na cozinha, avanço para o escritório do meu pai, que dorme com a Rita no piso de cima. Tiro os álbuns do armário diante da sua secretária e, sentado no chão, uso o telefone para fotografar cada página, até mesmo um caracol do meu cabelo, guardado há quarenta anos dentro de um pequeno envelope.

Nunca houve mais nada da minha mãe nesta casa além dos álbuns. Bijuteria, o casaco de peles ou algum postal escrito com a sua letra, se ainda existem, não sei onde estão. Durante a adolescência, não me recordo de abrir os álbuns, não só porque o escritório fazia parte do território do pai e mexer nas suas coisas era arriscar uma reprimenda, mas porque nesses anos não mencionar a mãe tornara-se a regra tácita. Não éramos capazes de recordar a vida anterior, e lembrar a morte parecia-nos algo inútil, uma forma de flagelação. É verdade que, agora que voltei a Portugal de vez, podia levar os álbuns comigo. Mas não são meus, são nossos, e tenho medo de não ser um conservador habilitado, que o meu descaso pelos objetos resulte na perda daquilo que desse tempo resta de nós.

Não há cassetes com a voz da minha mãe. O meu pai não sabe onde está o DVD com as imagens das películas super-8, que mandou digitalizar há uns anos e que mostravam uma viagem do casal aos Açores e a família a passear nos jardins do Casino Estoril. Tirar os álbuns daqui seria como levar desta casa, e para sempre, o miúdo que fui. Por mais que, ao longo da vida, a relação entre pai e filho tenha sido o confronto de vontades antagónicas — controlo e emancipação —, há ainda uma parte de mim que quer pertencer-lhe, ficar guardada num envelope no armário do seu escritório como o caracol de cabelo, porque essa parte será sempre do pai que escreveu: "Este álbum, assim como o anterior e os futuros, são portadores das fotografias tiradas pelo pai desde que nasci e têm a finalidade de, quando for homem, poder observar todas as fases do meu crescimento".

Meses depois desta visita à garagem, faríamos a primeira viagem juntos em trinta anos. E, um ano mais tarde, deixaríamos de falar, como já acontecera tantas outras vezes. No entanto, ele será sempre o pai que tudo criou e que tudo abarca. O único pai. O depositário da vida. O guardião dos álbuns. Muito mais do que os seus carros, casas ou negócios, o seu património mais precioso é aquilo que eu fui e que ele preserva consigo — a única coisa que quero receber de herança.

Nos primeiros meses no colégio pedi uma fotografia da Rita, que estava conosco havia pouco tempo, e coloquei-a na minha carteira com fecho de velcro. Se pudesse provar que tinha uma mãe, não lidaria mais com o constrangimento de dizer aos novos colegas que ela tinha morrido. Os adolescentes costumam ter vergonha dos pais, mas era mais vergonhoso não ter uma mãe. Quando julgava que o rumo de uma conversa podia levar ao tema, afastava-me de imediato, e se um miúdo me chamava filho da puta — o grande insulto entre rapazes, para quem a honra da mãe é intocável —, então, a injúria era mais humilhante do que se ela ainda estivesse viva. Sentia que cuspiam no seu túmulo e, uma vez que os mortos não podem defender-se, era só meu o ónus de castigar os profanadores.

Não ter mãe: o meu segredo, um lamentável desmerecimento, a mancha mais patética da carapaça. Andar com uma fotografia da Rita na carteira era, simultaneamente, o meu disfarce para a vida que começava e a vontade sincera de ter uma nova mãe. Talvez por isso, na tarde em que mostrei a fotografia a alguns colegas de turma e eles disseram que a minha mãe era bonita, eu tenha sentido orgulho e traição em partes iguais. Mas havia alguma coisa além da compreensível confusão de um miúdo de dez anos, algo mais eterno e primário: o desejo de ser amado e o medo do abandono. Na ilusão frenética que se tornaria a minha relação com as mulheres nas décadas seguintes, eu mergulharia de cabeça, mas estava sempre com um pé de fora — um artista da fuga não se deixa abandonar.

Passa da uma da manhã quando saio da casa do meu pai. Fico um pouco no jardim, procurando o chamado da coruja e o crepitar dos pinheiros que ouvia antes de adormecer. Tiro os sapatos e as meias, piso a relva. O vento sul traz o odor da maresia e o som do comboio a suturar a noite. Tudo é conhecido e próximo. É possível que a abundância de memórias da adolescência, nesta casa, tenha pulverizado as cassetes com a voz da minha mãe. Talvez fosse inevitável que a voracidade desses anos, quando o corpo e o mundo parecem não ter fim, acabasse por ofuscar aquilo que acontecera antes, durante a infância. Na velocidade das motos, nas ondas da praia do Guincho e nas miúdas a quem queria beijar na boca, eu descobria que a vida estava toda por diante. Magnífica e bela. Novamente imortal.

III. Um artista da fuga não se deixa abandonar

Quando, quinze anos mais tarde, volto a encontrar Sarah, penso que, desde que nos conhecemos, sempre foi mais aquilo que nos separou. Sou divorciado, não tenho filhos e moro numas águas-furtadas cujas janelas permitem ver uma nesga do rio e um ninho de gaivotas na chaminé do prédio. Sarah tem marido, três filhas e mora numa vila a norte de Manhattan, onde as suas miúdas podem andar de bicicleta sem recear atropelamentos. Este verão comprou uma casa de praia nos Hamptons.

Recebo a sua mensagem a meio do dia: "Estou na tua cidade, tens tempo para passear comigo?".

Há quinze anos, no seu apartamento em Nova York, fomos sitiados por um nevão: três dias de sexo, comida, vinho e a feitiçaria farmacêutica de um comprimido Vicodin, que lhe tinham prescrito após a remoção de um dente do siso. Tal como os efeitos do opioide, a paixão atuava quimicamente: o aceleramento cardíaco, a dilatação das pupilas, as endorfinas e a oxitocina instigando a entrega enquanto o sangue inundava o centro de prazer do cérebro — uma atividade neurológica semelhante à dos pacientes obsessivo-compulsivos, com surtos breves mas impetuosos.

Na primeira vez que vi Sarah, servi-lhe vinho. Trabalhava como empregado de mesa num restaurante no SoHo, e ela apareceu para almoçar com um amigo. Trocámos olhares e piadas, mas só voltaria a encontrá-la semanas mais tarde, por acaso, numa festa de amigos comuns. Fomos jantar no dia seguinte, depois de eu passar horas a procurar num guia de restaurantes um lugar com preços que me permitissem pagar a conta. Quando lhe perguntei o que fazia o seu pai, após saber que ela queria escrever um livro sobre ele, Sarah respondeu: "É o Prémio Nobel da Física mais novo de sempre". Paguei o jantar com as notas pequenas das gorjetas que recebia como empregado de mesa. Beijámo-nos no passeio antes de ela entrar num táxi.

Nessa noite, apanhei o metro da linha 6 e regressei ao pequeno apartamento no East Side, na fronteira com o Harlem, partilhado com dois portugueses e que, em vez de cortinas, tinha toalhas de banho a cobrir as janelas.

Na manhã seguinte, fui deixar um ramo de flores na portaria do prédio de Sarah. Mais tarde, após os três dias de nevão, ela dir-me-ia que as flores não eram bonitas.

Em 2001, duas semanas passadas dos atentados de 11 de setembro, mudei-me para Nova York, fiel ao mandamento que decretava que, tendo em conta o tamanho do mundo, seria estúpido estar sempre no mesmo sítio. Com vinte e cinco anos e uma máscara de sobranceria e desapego, afirmava pomposamente que a minha vida cabia em duas malas. Não tinha mais ambições do que é normal nas pessoas daquela idade que se mudam para uma megalópole. Como elas, ostentava certezas tão idealistas como inabaláveis e tinha um mapa com várias paragens obrigatórias:

viver, experimentar, conhecer, amar, foder, tragar de uma só vez o mundo inteiro, usando todos os recursos do corpo e do cérebro, enfim, acumular o traquejo e a fruição que considerava necessários para escrever um livro.

Dois meses e um dia após os atentados ao World Trade Center, entrei na deli El Burrito, na esquina da minha rua, e um rádio sintonizado numa estação latina informava da evacuação do edifício das Nações Unidas e do Empire State Building. Um avião com duzentas e sessenta pessoas a bordo despenhara-se no bairro de Queens. Desde a manhã de 11 de setembro que a ameaça terrorista impregnara a psique da cidade. Parte de Manhattan, patrulhada por militares com armas de guerra e carros de assalto, mantinha-se inacessível aos moradores, cujos apartamentos tinham ficado submersos na vaga gigante de pó e cinza que cobrira o Financial District.

Corri para casa, liguei para a redação de uma revista em Lisboa com a qual colaborava e propus uma reportagem. De seguida, atravessei a cidade de metro e, graças ao cartão de imprensa, pude caminhar pelas ruas de Belle Harbor, onde as famílias de origem irlandesa, judia e italiana moravam em casas que pareciam de bonecas. Em qualquer outro dia, teria encontrado apenas bandeiras norte-americanas nos alpendres e miúdos a brincar na relva dos quintais sem muros, o odor da maresia e o restolhar da praia. Mas, nessa tarde, o éden imobiliário da classe média fora bombardeado pelos pedaços do avião que caíra do céu. Cheirava a combustível e a madeira queimada. A bagagem dos passageiros espalhava-se pelas ruas e telhados: biquínis, produtos de beleza, sapatos, malas abertas e chamuscadas, um dos motores do airbus que, em chamas, esventrara várias casas e abrira um buraco fumegante num quarteirão do bairro. Embora parecesse improvável, perguntei a um paramédico: "Há sobreviventes do avião?". Ele abanou a cabeça, acrescentando que, aos passageiros, haveria que somar aqueles que tinham morrido em terra. "Um dia estás muito bem a ver televisão e, de repente, cai-te uma turbina na sala. Estas pessoas não mereciam mais disto." O paramédico referia-se ao fato de aquela ser uma comunidade com muitos polícias e bombeiros. O dia 11 de setembro já deixara Belle Harbor com várias viúvas e órfãos.

Nos primeiros meses em Nova York, todos os artigos que escrevi eram sobre as repercussões dos atentados. Entrevistei sobreviventes, voluntários, o homem que trabalhara na torre sul e que conseguira escapar descendo quarenta e quatro pisos pelas escadas. Contou-me que crescera perto do World Trade Center e que, em pequeno, ele e o irmão imaginavam até onde chegariam as torres se as deitassem no chão da ilha — Midtown? Uptown? Harlem? Bronx? O irmão, com quem ele falara ao telefone logo após o primeiro embate, morreria na torre norte.

O sinistro em Belle Harbor viria a provar-se um acidente, mas todas as semanas o alerta terrorista passava de amarelo para laranja e havia notícias sobre envelopes com antrax, homenagens fúnebres e caixões cobertos pela bandeira. Eu tinha chegado para morar numa cidade que se encontrava entre o choque e o luto. As redes que cercavam o *ground zero*, como ficara conhecida a zona sinistrada, estavam cobertas com mensagens de familiares e fotografias dos desaparecidos. No metro, cartazes da polícia exortavam: "Se vir alguma coisa, diga alguma coisa". O abalo literal e metafórico da derrocada dos edifícios mais altos da cidade não intensificara apenas a suspeição e o medo. É verdade que as bombas americanas já choviam nas montanhas afegãs e que não era o melhor dos tempos para se ser muçulmano na América. Mas os nova-iorquinos mostravam também uma extraordinária generosidade e espírito de entreajuda.

Embora, por todo o lado, se encontrassem faixas e autocolantes que diziam "*Never Forget*", a cidade renovava-se depressa, recuperando a marcha de constante mudança que lhe era característica, esperando apenas o tempo apropriado do luto para que os seus habitantes voltassem à busca do prazer, à obsessão pelo dinheiro e às aspirações de fama planetária.

Conheci o Joaquim durante uma reportagem. Era dono de um restaurante a poucos quarteirões das Torres Gémeas e, como tantos outros, nos dias após o ataque, abrira as portas do estabelecimento para servir de graça os bombeiros e os polícias das operações de salvamento. O Joaquim, português que aos dezasseis anos emigrara com os pais para os Estados Unidos, tinha o hábito de ajudar compatriotas recém-chegados, jovens a quem dava emprego no restaurante. Foi ele que me apresentou Frank, um lusodescendente e engenheiro da autarquia, que nos levou ao *ground zero*.

Pela primeira vez, estava do lado de lá das redes, entrando numa réplica das cidades fantasma usadas nos ensaios nucleares no deserto do Nevada. Passámos por automóveis, armazéns de roupa, bares — tudo engolido pela cinza. Tinha visto na televisão e nos jornais milhares de imagens daquele lugar, mas só quando me deparei com a altura dos montes de vigas retorcidas e cimento armado percebi a dimensão da cratera que se abrira no sul de Manhattan. Era como se um meteorito tivesse arrasado uma civilização inteira. Pedaços da fachada metálica das torres saíam das pilhas de entulho como garras, e os edifícios circundantes pareciam abocanhados pelas mandíbulas do Godzilla, buracos que mostravam o interior dos escritórios, uma secretária à beira do precipício, um casaco nas costas de uma cadeira. Soterrado por toneladas e toneladas de ruínas, espalhado no ar que respirávamos e na cinza que contaminava tudo, estava o que sobrara de duas mil e seiscentas pessoas.

Quando voltei ao lado seguro das redes, deitei a máscara de proteção no lixo, mas tinha cinza na boca, no nariz, no cabelo e nas unhas. Comprei uma garrafa de água e lavei a cara e as mãos. Naquela cidade, eu fora à procura da vida e tinha agora a poeira dos mortos dentro de mim.

Havia anos que não rezava. Deus passara a fazer parte das personagens da ficção infantil. Mas nessa noite, na cama, antes de dormir, quis falar com a minha mãe. Aos vinte e cinco anos, só a morte, não a vida, me fazia lembrar dela.

Não acreditava quando alguém me dizia que a minha mãe, onde quer que estivesse, olhava por mim. Embora eu sofresse de surtos de egotismo, um anjo da guarda exclusivo parecia-me o delírio de um rei absolutista.

Ela não estava, mas via. Não falava, mas ouvia. Não tocava, mas protegia. Que insuficiente prémio de consolação.

Só a morte, não a vida, me fazia lembrar dela.

Em janeiro de 2002, abandonei os artigos de jornal e passei a trabalhar para o Joaquim. Deitava-me e acordava tarde. Depois do almoço, num café do bairro, lia e tentava escrever um livro.

(Escrever para corrigir o mundo, para descodificar o mundo; escrever como um exibicionista, para que gostassem de mim e celebrassem o brilhantismo das minhas criações; escrever para trocar de máscara, para tirar a máscara; escrever como os adolescentes que se automutilam; escrever como um mestre de kung fu, para ter um desígnio contra o fastio e a favor da beleza; escrever como quem toca um instrumento de sopro, perseguido por um tigre, enquanto joga xadrez.)

Todas as noites, fechadas as portas do restaurante e distribuídas as gorjetas, Tom, um brasileiro com quem partilhava o turno do jantar, enrolava uma das suas ganzas de erva e bebíamos cervejas no bar Ear Inn, com os empregados de outros restaurantes — bascos, argentinos, mexicanos, portugueses —, também eles esperançados em encontrar na noite algo formidável, que não sabíamos bem o que era mas que nos levara a deixar os nossos países. Não fosse a escrita, que me obrigava a manter uma réstia de disciplina e propósito, e talvez ainda lá andasse agora, parte dessa quimera festiva, no encalço de sexo fácil e drogas grátis.

Numa segunda-feira de fevereiro, sem clientes, gorjetas ou erva, Tom e eu encerrámos o turno e começámos a percorrer a rua Spring. Pietro, um dos clientes habituais, morador do bairro, saiu do seu prédio e convidou-nos para um copo no Suede — um clube para *trust fund kids* que pintavam as unhas de preto e a quem o mecenato dos pais permitia que fossem os artistas que, em vez de viver da mão para a boca, gastavam dois mil dólares numa conta de bar.

Todos viam Pietro — com sessenta anos, sem mulher, filhos ou hábitos diurnos — como o milionário exuberante, o filho de imigrantes italianos, que começara com uma banca de queijos, em Brooklyn, e construíra uma cadeia nacional de lojas gourmet. Mas a arrogância com que nos tratava quando ia jantar ao restaurante, alternada com a prodigalidade assim que ficava bêbedo, faziam-me antes pensar em narcisismo e solidão.

Certa vez, durante um turno sem clientes, apanhara-me a ler *Sodoma e Gomorra*. Pietro já tinha escarnecido da minha ambição de ser escritor quando me vira a tirar notas em guardanapos de papel. Mas, nessa tarde, o volume com centenas de páginas, aberto em cima do bar, tivera sobre ele um efeito de admiração, como se fôssemos membros do mesmo clube secreto.

"Gostas de Sade?"

"Escatologia não é a minha cena. Mas há que ler os clássicos."

Pietro saíra então do restaurante e regressara minutos depois. Trazia a reprodução de um menu antigo, do século XVIII, que mandara fazer para um banquete inspirado em Sade, organizado em sua casa, no qual os convidados jantaram nus, comendo sobre modelos também sem roupa. Para que não tivesse tempo de mostrar a minha incredulidade, ele sacara de um envelope com fotografias do evento e, sem as passar para a minha mão, foi exibindo uma a uma.

Semanas mais tarde, nessa noite imprevista de fevereiro em que nos convidou para o Suede, já bêbedo e cheirado, começou a pagar rodadas, convidando mulheres para a nossa mesa. Quando tudo era distorção alcoólica e euforia cocainómana, uma loira de vestido preto, a meu lado, virou uma tequila e perguntou, sem antes me dizer o seu nome: "Gostas de sexo?". Como para tantos outros rapazes, também para mim a facilidade podia ser um acelerador da luxúria. Não era pudico nem ingénuo. Mas nunca a sedução fora uma bala à queima-roupa.

Uma hora depois, estávamos todos na casa de Pietro, uma *penthouse* com obras de arte nas paredes e uma garrafeira que ia de uma ponta à outra da sala. "Não conheces este pintor?", perguntou ele, achando-me um tanto simplório. O anfitrião levou depois as raparigas para ver um quarto cheio de roupa e sapatos de senhora, avisando antes: "Visto-me assim em casa, mas só gosto de ir para a cama com mulheres".

A loira e eu subimos para um terraço com relva e árvores, de onde se podia ver Hoboken na outra margem do rio Hudson e os dois feixes de luz branca, apontados ao céu, que projetavam a memória das torres no recorte da noite de Manhattan. Apesar do vento gelado que chegava do rio, despimos alguma roupa.

Pietro apareceu à porta do terraço, montado num par de saltos que chegaria para pagar a minha renda de casa. Tinha uma garrafa na mão e perguntou: "Querem vinho?". Sem parar de se mover contra os meus quadris, a loira respondeu: "Se for branco, sim". Ele serviu o vinho, deixou os copos junto da porta e voltou ao apartamento como se apenas tivesse interrompido uma partida de damas. Já com toda a roupa vestida, a loira pegou no copo e, num gesto que abarcava a ilha de norte a sul, disse: "Bonito, não é?".

Acordei no sofá da sala assim que a empregada de Pietro chegou para limpar a casa e fazer o pequeno-almoço. Havia outros corpos à minha volta, mas nem sinal da loira imperturbável e sem nome. Vesti o casaco. Faltava-me uma luva. Saí para a rua Spring. Nevava. Parei numa deli, pedi um café e um *bagel* misto — nem as últimas refeições dos condenados sabem tão bem.

Essa foi a primeira de muitas madrugadas em que apanhava o metro à hora a que as pessoas iam trabalhar, tomado por um torpor sorridente, músculos, nervos e veias latejantes, com olheiras pronunciadas, a barba por fazer e a mesma T-shirt preta com que servira à mesa, mas incomparavelmente vivo. Ir na contracorrente do resto da população, à primeira hora da manhã, não era apenas a imagem batida do jovem notívago, que prefere adorar Eros a cumprir horários de escritório. Depois de anos em que a minha individualidade fora escrutinada pelo colégio, pelo pai, pelos irmãos, pelos colegas de escola; depois de anos a ser formatado pelas convenções da sociedade do Estoril, cuja linha de montagem transformava sucessivamente a nova geração na anterior, produzindo bonecos papa-hóstias, com os mesmos cortes de cabelo, crucifixos ao peito e preconceitos de classe; depois de anos à espera de não ser apenas o filho do meu pai, o órfão da minha mãe e o irmão dos meus irmãos, nunca o meu reflexo, que podia ver nas janelas das carruagens do metro, estivera tão em sintonia com quem eu era. O que antes fora desajustamento, era agora identidade. Eu ia fazer o que queria. E alguém ia gostar de mim por isso.

Nas noites de sexta e sábado, entre as seis da tarde e a meia-noite, o restaurante enchia várias vezes, submetendo-nos a uma pressão alucinada, que nos exigia foco, velocidade de movimentos e simpatia com os clientes. Não era um trabalho difícil e, aprendidos os protocolos do serviço, bastava sensatez e alguma disponibilidade física para aguentar até ao fim do turno e esperar a contagem das gorjetas enquanto bebíamos uma cerveja e acendíamos o primeiro cigarro. No fim da noite, tínhamos de empilhar cadeiras e mesas, repor as garrafas nos frigoríficos, subindo e descendo as escadas para a cave sem nos espatifarmos nos degraus de madeira gordurosa, onde certa vez um ajudante de cozinha entornara no peito e nos braços uma panela de sopa a ferver. Tirávamos o lixo da cave pelas portas de ferro que abriam para o passeio, lançando os sacos pretos e gelatinosos, que vazavam fluidos de carne e de peixe, como se nos livrássemos de um cadáver esquartejado. Sujos e cobertos de suor, víamos as miúdas a entrar nos bares onde, em seguida, gastaríamos as gorjetas da noite.

Na cozinha, sim, o trabalho era duro. No verão, as temperaturas eram tão altas que a frequência dos desmaios causava mais riso do que susto. Era um lugar para homens — mexicanos e equatorianos, cujas queimaduras nos braços e a propensão para o insulto não revelavam a totalidade daquilo por que tinham passado a fim de chegarem aos Estados Unidos. Se me enganava num pedido ou ia buscar uma garrafa de vinho à cave, empurrando algum deles para conseguir passar, era insultado em coro: "*Pinche guey, pendejo, cabrón, chinga tu madre*". Mas, no final do turno, com as portas fechadas e todos sentados ao balcão, cada um com a sua cerveja, contavam as histórias da travessia da fronteira e das noites na discoteca Brisas de Acapulco, em Queens, onde mulheres lhes cobravam um dólar por cada dança.

Embora a restauração fosse um mundo de múltiplas nacionalidades — e marginalidades —, havia linhas estabelecidas. Era mais comum ver um francês como chefe de sala e um salvadorenho a lavar pratos do que um sommelier do Nepal ou um americano a esfregar casas de banho. As cozinhas eram maioritariamente masculinas, latinas e asiáticas. No bar Ear Inn, um dos mais antigos da cidade, aonde íamos quase todas as noites, a tradição decretava cozinheiros chineses, mulheres a servir na sala e homens atrás do bar. Num conhecido restaurante do SoHo, o gerente teve de dividir os turnos por nacionalidades quando os empregados paquistaneses e mexicanos se pegaram à porrada na sala. Essa história era contada pelo Tó Falcão, amigo de Joaquim e veterano no ofício. Nesse mesmo estabelecimento, dizia ele, sempre que o serviço estava a correr mal, o chefe de sala mandava os empregados recolher à cozinha, onde abria um saco de cocaína na estação das saladas e punha toda a gente a cheirar.

De noite, quando bares e restaurantes fechavam as portas, ficando apenas os amigos e os conhecidos, começavam a aparecer as personagens do submundo, como Bob, cuja fronha de *hooligan* e o mau vinho nos faziam acreditar no boato de que tinha um mandado de captura na Irlanda. Paco e Charlie, um dominicano, o outro vietnamita, forneciam cocaína em papelotes. Jota Pê, que tratava da erva, era um ex-vendedor ambulante de peluches no sul do Brasil; tinha a minha idade e não falava uma palavra de inglês, mas acabava sempre a dormir em casa de mulheres com mais de cinquenta anos.

No tempo que vivi em Nova York, vagava entre os excessos e uma existência mais solar, a escrever e a ler numa esplanada ou correndo em Central Park. Tinha amigos com outros interesses que não as aventuras da noite. Podia até ser convidado por um correspondente alemão para passar um fim de semana numa casa nos Hamptons, mas, no resto do ano, tinha de apanhar o comboio urbano para Rockway se queria ir à praia. Dava por mim nas festas da Fashion Week e do TriBeCa Film Festival, mas usava todas as promoções oferecidas nos panfletos de supermercado.

Era tão pobre como fura-vidas. Tão frívolo como crente de que seria escritor.

Certa tarde, o Joaquim ligou-me e perguntou: "Queres ganhar duzentos dólares?". Horas depois, estava de farda preta, a servir um jantar na casa do diplomata com quem conversara num evento da embaixada portuguesa dias antes. Dancei rock do leste europeu num bar búlgaro que projetava filmes porno e servi copos ao elenco dos *Sopranos*. Nova York era o lugar onde até um português magrelas e pelintra, ávido de liberdade e exultação, podia esperar o inesperado.

Foi preciso mais uma década para que percebesse quanto, nesse impulso, sob o verniz da curiosidade e do deslumbramento, havia também de vazio e destruição. Tentando afirmar excessivamente uma identidade, eu arriscava o seu desmoronamento.

Sarah aparece no átrio do hotel, onde a espero. As sardas do nariz têm ainda os restos do sol do verão nos Hamptons, mas a brancura da pele e os olhos verdes fazem-me pensar nos seus antepassados russos e judeus, chegando a Boston no início do século XX, e na inclinação dela para namorar gentios, para desencanto da mãe, que lhe exigia um namorado da tribo de Moisés.

Na Avenida da Liberdade, o vento manipula os ramos das árvores e as folhas amarelas planam como a neve em Manhattan. Descemos na direção do Rossio, ela fala-me das filhas, do marido, do emprego que a faz viajar muito — está em Lisboa por apenas dois dias, como palestrante numa conferência. Conto-lhe o que ando a escrever e relato essa manhã, após o divórcio, quando já vivia sozinho num apartamento que tinha sido para dois: abri um armário na casa de banho e tombaram sobre mim caixas de testes de gravidez, que a minha ex-mulher ali guardara antes da separação. Tínhamos alugado aquela casa, imaginando quartos de bebé e prestando uma inédita atenção ao período fértil do ciclo menstrual. Mas, porque a vida é sempre menos lírica do que as fantasias domésticas dos casais, a derrocada daquelas caixas, sobre a minha cabeça, era a figura de estilo mais exata do fim do meu casamento: estás triste por não ter um filho; ainda bem que não tiveste um filho.

"Não queres ter filhos?", pergunta Sarah, mas o seu telefone toca. "Uma chamada de trabalho", diz, pedindo desculpa com a mão.

Quando desliga, já estamos na Praça dos Restauradores. Conto que era ali que ia ao cinema em criança, no Condes ou no Éden, e que antes havia cartazes, pintados à mão, que cobriam toda a fachada. Os heróis eram gigantes. Os beijos dos protagonistas maiores do que na tela da sala.

Também digo: "Nos intervalos dos filmes, a minha mãe comprava-me sempre um chocolate".

Sentamo-nos na esplanada do Bar da Odete. Pedimos uma garrafa de tinto português.

"Lembras-te que me escrevias bilhetes de amor e que os deixavas na minha caixa de correio?", pergunta Sarah.

Penso, mas não digo, que, se foi amor aquilo que aconteceu em Nova York, então era um amor apenas possível às pessoas que tínhamos sido. Não há nisto qualquer desgosto. Os nossos cérebros são ainda capazes de libertar endorfinas e oxitocina, mas os nossos corações já não querem atravessar desgovernadamente cidade alguma.

Como Sarah, Ruth era judia e tinha sardas no nariz. Mas Sarah foram três dias de neve. E Ruth três meses de verão. Numa noite de muito calor, no final de junho, enquanto caminhávamos sem rumo pela cidade, Ruth falou-me do pai, um professor de Literatura Medieval Francesa, que chegara aos Estados Unidos em pequeno, acompanhado da mãe e fugindo de uma França ocupada pelos nazis, depois de o avô paterno de Ruth, que se alistara na Resistência, ter morrido em combate.

Ruth crescera em Nova York, numa família liberal que falava francês à mesa e passava férias em Tânger. Com trinta e cinco anos, acabara o doutoramento em História de Arte, e, no começo do ano letivo, iria dar aulas na Universidade de Rochester, no norte do estado de Nova York. Eu deixara de trabalhar no restaurante para finalizar o livro que andava a escrever, e ponderava um regresso a Lisboa em outubro. Apesar dos planos de cada um, já passava da meia-noite e uma luz cálida, de gambiarra tremeluzente, saturava tudo com calor e lubricidade. Ruth usava um vestido leve, sandálias de salto. O cabelo escuro e cacheado caía-lhe para os olhos. Depois de nos beijarmos, ela agarrou-me os pulsos e disse: “Tu estás sempre a fugir de alguma coisa”. Na semana seguinte, mudei-me para sua casa.

Naquele apartamento na rua Wyckoff, em Brooklyn, ficávamos à janela, a beber chá gelado e a fumar, observando a rua como se fosse um ecrã de cinema. No gira-discos, os clarinetes, trompetes e trombones de uma cidade antiga convocavam os espíritos de Cole Porter e Ira Gershwin. Eu tentava acabar de escrever um romance e Ruth mostrava-me livros, ensinava-me a diferença entre um queijo parmesão e um grana padano, explicava-me que o mercado de arte se transferira da Europa para os Estados Unidos após a Segunda Guerra Mundial. Passávamos muito tempo na sua cama branca e desmedida, os lençóis enrodilhados ao fundo, as janelas sempre abertas, permitindo que as sirenes e os gritos dos miúdos entrassem pelo quarto adentro. Fazia tanto calor nesse verão que dormíamos nus, tomávamos duches frios, havia sempre uma ventoinha ligada, mas os nossos corpos permaneciam transpirados, pegando-se um ao outro quando cozinhávamos, andávamos de mão dada ou dançávamos o *Moonglow* na sala. O pretendente a escritor e a professora que acreditava nele. O neto do contrabandista de fronteira e a neta de um judeu da Resistência — éramos a ponta do arco que se lançara entre o velho e o novo mundo, o capítulo seguinte no grande romance americano.

Apanhávamos o comboio para ir à praia e, no regresso, adormecíamos nos bancos da carruagem, encostados um ao outro, o meu nariz procurando o seu pescoço. No dia 14 de agosto, a meio da tarde, uma falha na rede elétrica deixou toda a cidade às escuras. Durante três noites, levávamos velas e um rádio a pilhas para o terraço do prédio. Conversávamos e bebíamos vinho morno com os vizinhos. Os mais velhos falavam do calor agoniante durante o apagão de 1977, quando os aeroportos tinham fechado, as estações de rádio deixado de emitir e a cidade fora assolada por motins, pilhagens e centenas de prédios a arder no Bronx. Talvez fossem esses relatos sobre outros tempos. Ou então as noites agora mais estreladas e as ruas desertas como nunca víramos. Mas morar numa Nova York à luz das velas só provava a excecionalidade do nosso amor.

Numa exposição no Guggenheim, Ruth explicou-me quem era Malevich. Eu ofereci-lhe o disco *Com que voz*, da Amália, que púnhamos a tocar nos fins de tarde, quando as altas temperaturas e a humidade retardavam tudo e a voz de uma mulher já morta cantava em Brooklyn histórias de Lisboa. Ruth pedia-me que traduzisse as letras, eu escrevia-lhe poemas em inglês e dizia que a Amália era a única mulher que me fazia chorar. Ruth confiava em mim para comprar o pão e o jornal, bem cedo, ou para a fazer rir e dizer-lhe em português: "Gosto de ti". Eu confiava nela para que seguisse o caminho da noite em que nos beijámos pela primeira vez — "Tu estás sempre a fugir de alguma coisa" — e me ajudasse a ficar.

Certa tarde, peguei num dos seus livros de arte, sentei-me no sofá e fui folheando as páginas sem grande interesse, até que me detive na reprodução de uma pintura. Ruth percebeu que algo mudara nas minhas feições. Aproximou-se e disse: "*La Madre*, de Sorolla". Não conhecia o pintor, mas aquele retrato da mãe e da filha que dormem, após o parto, desmanchara algo em mim. No quadro, não via apenas essa ligação elementar — a mãe que protege a filha, a filha que depende da mãe — ou as intenções de Sorolla, que, segundo o livro, combinara o olhar emocionado do pai e do marido com o olhar do pintor, captando um instante de intimidade em que o mundo inteiro desaparece na luz e dessa imensidão branca emergem apenas a cabeça da mãe e a da filha.

Eu não sabia nada de técnica ou luz ou composição. Apesar das lições de Ruth, os meus conhecimentos de pintura limitavam-se aos cartões nos museus que diziam "óleo sobre tela". O que, de fato, me inquietara, era a forma como mãe e filha pareciam tão indefesas, sem que houvesse nada que eu pudesse fazer para impedir que, um dia, algo terrível lhes acontecesse. Ruth sabia que a minha mãe morrera. Tal como sabia que a Amália não era a única mulher que me tinha feito chorar.

Anos mais tarde, quando vivia em Madri, em dias de ressaca, culpa e falência moral, ia até ao Museu Sorolla e ficava em frente do quadro *La Madre*, regressando uma e outra vez a esse verão no apartamento da rua Wyckoff, fazendo juras de que seria um homem melhor — um homem, já não o filho pequeno, o menino órfão ou o rapaz excessivo, mas um homem.

Em agosto, recebi um e-mail de Portugal: havia uma editora interessada no meu manuscrito. Nessa noite, jantámos no pátio de um restaurante cubano, bebemos *mojitos* e comemos *pollo frito* com as mãos, depois caminhámos na promenade de Brooklyn

Heights, sem peso algum no corpo e esperançosos, porque o verão ainda ia a meio e os arranha-céus de Manhattan, no outro lado da água, tinham o apelo do otimismo do futuro.

No dia seguinte, íamos ao casamento de uma amiga de Ruth, celebrado por um padre grego ortodoxo e um rabino. Ela levava um vestido vermelho, que tinha uma racha lateral e um decote que lhe revelava as costas. No metro para a cerimónia, um homem de cara suja e ténis esburacados fez um comentário sobre as pernas de Ruth, e insistiu nas provocações. Quando me levantei, ele colocou a mão atrás das costas e disse: "Queres ver o que tenho para ti?". O comboio parou na estação e as portas abriram. Ruth pediu que me sentasse. O homem recuou sem me virar as costas, abriu um sorriso de vitória e saiu para a plataforma. Olhei para as minhas mãos, que tremiam. Na boca seca podia sentir a impotência; no batimento cardíaco, a cólera. Queria destruir o homem sujo e, até chegarmos ao casamento, não falei de outra coisa, exigindo um castigo, tomado por uma revolta que esperava um ajuste de contas desde que, num dia de 1983, um médico dissera "maligno" e "temos de operar".

Antes de entrarmos no edifício onde se realizava a cerimónia, Ruth perguntou se tinha batom nos dentes e disse: "Ninguém me vai fazer mal". E depois, em português: "Gosto de ti". Na festa, começou a apresentar-me aos convidados como escritor. Disse-lhe que aquilo era incorreto:

"Não tenho sequer a certeza de que o livro vai ser publicado."

"Há quantas semanas estás fechado a escrever? E quantas vezes me falas do livro? Quantas horas por dia pensas nele?"

Por mais que eu acreditasse que a audácia, a descoberta e o entendimento eram os motores de propulsão da vida e da escrita; por mais que achasse que o corpo era um instrumento e que o sexo e as drogas confirmavam o furor libertário da minha personalidade; por mais que imaginasse que Nova York seria a minha expedição intergaláctica, eu era, afinal, um lugar-comum da condição humana, tentando compor aquilo que era inconciliável: o desejo de validação e o impulso de estar sempre a partir para outro lugar. O que Ruth me oferecia nessa noite, embora sabendo-me danificado e pobre e extemporâneo, não era a certeza de que eu seria escritor, mas a oportunidade de aprender a ficar. Se Ruth garantia a minha primeira necessidade — gosta de mim pelo que sou e pelo que nunca conseguirei ser —, eu só teria de impedir o repente da fuga.

Quando embarquei no avião para Rochester, na segunda semana de setembro, alimentava ainda sonhos de uma vida de casal, numa cidade universitária, com filhos americanos que falariam francês e português, ouviriam histórias sobre os seus avós europeus e fariam férias em Portugal, com visitas ao Museu Amália e mergulhos na Praia Grande. Mas a editora confirmara a publicação do livro, já me mandara as provas revistas, e eu estava ingenuamente seguro de que o êxito literário me esperava em Lisboa. Havia ainda tanto para viver sozinho. Além disso, a semana em Rochester anunciava o final do verão, as ruas estavam coloridas pelas folhas acobreadas, prestes a cair dos ramos, e a estabilidade da vida de Ruth — a casa, a universidade, o carro — começou a parecer-me mais uma prisão do que um porto de abrigo.

Em vez da mística e do calor da grande cidade, havia a mansidão dos subúrbios ajardinados e a tristeza dos últimos gestos. Já não dormíamos nus e eu tinha de pegar no carro para ir comprar o pão e o jornal, rodando por ruas sem ninguém, imaginando-me para sempre o empregado de mesa da professora universitária, comendo canapés aborrecidos em eventos académicos e escrevendo numa língua que ninguém ali podia entender.

Na última noite em Rochester, víamos televisão quando,

após um intervalo de publicidade, foi anunciado que o filme *Laços de ternura* passaria no dia seguinte. Pela primeira vez, contei a alguém o episódio em que, numa tarde de 1984, os meus pais chegaram a casa transtornados, depois de uma sessão no cinema, e a minha mãe se fechou no quarto. Tinham ido ver *Laços de ternura* e algo os fizera sair a meio.

"Nunca viste o filme?", perguntou Ruth.

"Não."

"Nunca quiseste ver?"

"Não."

"Sabes do que trata?"

"Não."

Ruth começou a mexer-me no cabelo. E o que antes era carinho transformou-se nessa consternação com que certas mulheres me tratavam quando se falava da minha mãe. Durante anos, o toque das mulheres fora unicamente sexual, jamais materno. Manifestações de afeto eram um empecilho penoso para o processo de apagar a minha mãe, deixavam-me outra vez pequeno e desprotegido, debaixo de uma cama. Se, na faculdade, as minhas colegas tinham um gesto de ternura, sentia-me acossado, o segredo ficava patente, tal como nessa noite em que Ruth me tocou no cabelo e disse: "Devias ver o filme".

No dia seguinte, foi levar-me ao aeroporto e deu-me um livro na despedida: *The Pugilist at Rest*, de Thom Jones. Voltou a dizer: "Devias ver o filme". Nessa noite, de volta ao apartamento da 97ª rua, vi o *Laços de ternura* como alguém que tenta ficar em vez de fugir. Não chorava havia anos, até que a personagem de Emma, doente terminal de cancro, recebe os filhos pequenos no quarto da clínica.

(*E, de repente, sinto exatamente o que senti quando me disseram que a mãe tinha morrido.*)

Emma morreu.

A minha mãe morreu.

Ruth teve cancro da mama anos mais tarde. Não morreu. Casou-se e tem uma filha.

Na folha de rosto do livro, escreveu-me:

"*For my darling H., who is never at rest.*"

Sarah tira os óculos de sol porque começa a escurecer. Descemos a Baixa lisboeta, atravessando o alvoroço de excursões turísticas e dos acordeonistas cegos. Entramos no Terreiro do Paço, a praça abrindo-se ao rio que sempre me pareceu o mar, a ponte tão vermelha como o pôr do sol num desenho de criança. Sarah pergunta-me o que mudou em Lisboa para que seja agora a miúda popular da era global. Penso no jargão das revistas de viagens, "cosmopolita e autêntica, tradicional e moderna", mas, ao olhar para a barra do rio, respondo:

"Desde pequeno que só tinha olhos para os navios que saíam do porto para o mundo. Mas agora também consigo ver os que chegam."

Os olhos verdes de Sarah, a neve caindo ao nosso redor em Nova York ou junto ao Tejo, todas as flores que não eram bonitas, todos os bilhetes de amor e todas as mulheres — Ida, Trisha, Jasmine, Pavia, a loira de vestido preto; ou a primeira cerveja depois de terminar um turno de sábado no restaurante, os indeléveis dias de calor na rua Wyckoff, um quadro de Sorolla, o cabelo molhado de Ruth na minha cara.

"Não queres ter filhos?", volta a perguntar Sarah.

E os navios continuam a entrar e a sair do porto.

Depois de Nova York, vivi em Madri e no Rio de Janeiro. Mais de uma década em que tentei desacelerar, embora repetisse o ciclo dos enamoramentos exuberantes e rapidamente descontinuados; o júbilo das noitadas e a decadência dos dias seguintes. Na sedução, na conquista e no sexo, mas também nos estados de consciência alterada que conseguia com a ajuda das drogas, perseguia a solução temporária para um vácuo perene. Cada paixão era um fósforo, ardendo com intensidade, mas apagando-se depressa. Tudo tinha de ser imediato, enfático, sem compromisso. Foram precisos anos para aceitar que aquilo que julgava fazer-me especial era apenas uma coleção em fascículos de psicologia para principiantes. A vida estava a abarrotar de pessoas como eu, falhas de perceção, que cometiam os mesmos erros, cavando mais fundo o buraco que queriam tapar. Não importava que estivesse em movimento permanente ou que encerrasse o trauma num lugar longínquo — ele estava alojado em mim.

Nas ruas velhas de Tarifa, em Espanha, vi em tempos uma família, pai, mãe e filhos, todos vestidos de branco e chegando de bicicleta à praça da vila para fazer compras no mercado. Queria ser parte daquela família, tal como efabulava tantas vezes com romances perfeitos, paraísos domésticos, casas de férias e crianças à beira-mar. Acreditava que uma mulher me resgataria, que o seu amor curaria tudo. Queria falar do que me acontecera, que alguém soubesse quem eu era e que, mesmo assim, conhecendo o lado negro e partido, mostrasse compreensão e cuidado com aquilo que me desacreditava. Mas a proximidade era uma invasão. Desde pequeno que só no isolamento me sentia a salvo. Dessa maneira, aquilo que considerava ser o meu refúgio era também o que me fazia mais egoísta e desacompanhado. A dor era minha, não pertencia a mais ninguém. Não se tratava de um sofrimento ininterrupto, uma lembrança a toda a hora, não me fazia ficar dias na cama e nunca tive tendência para estados depressivos. Era antes um desassossego subterrâneo, a luta por outra coisa, a fé cega na etapa seguinte.

Quando um relacionamento ameaçava aprofundar-se, sabotava-o, dormindo com outras mulheres, justificando as minhas ações com a certeza de que ainda havia muito para viver. As mudanças de humor acentuavam-se. Afastava quem queria ficar, tornava-me frio e implacável perante o mínimo lapso da outra parte.

Aos dezassete anos, estreara-me num número cruel que repetiria durante muito tempo. Matilde, a primeira namorada a sério, não pôde entender o que me levara a terminar a relação, mas eu também não lhe conseguiria explicar que a magoava porque queria que ela, embora vítima da minha injustiça, provasse que o seu amor era inabalável. Atirava-me para fora de pé a fim de ver se me iam buscar. Mas quanto mais ela — e todas as outras que tentaram — provava aquilo que eu exigia de si, mais distante e castigador eu ficava, uma espiral crescente e maníaca que sabia fazer-nos mal mas que não conseguia parar.

Queria tanto que permanecessem como queria que me deixassem. Havia um regozijo sinistro em imaginar-me sozinho, penando por amor, mas sem precisar de ninguém. Nessas alturas, achava que declarar "Quero que tudo se foda" era o grito de independência a que tinha direito. Questionava a minha capacidade para gostar. Cheguei a escrever uma história em que o protagonista perdera todos os atributos sensoriais e não sentia coisa alguma.

Julgava que a intimidade eram dois corpos nus numa cama e que o deboche fazia as vezes da insurreição do guerrilheiro que um dia seria glorificado na memória das mulheres. O sexo seria o idioma primordial da minha natureza. O amante como bom selvagem, tesão e êxtase, conquista e capitulação.

Como se quisesse tornar-me um virtuoso do violino — sem saber ler uma pauta e usando um martelo em vez de um arco —, acreditava que levar o corpo ao limite era um talento: cedam ao meu encanto, espantem-se de prazer, digam que gostam de mim.

Mas, sob todo esse fragor do ego, mais além do vício da validação feminina, havia o ideal do amor romântico. Tal como o sexo ou as drogas, a paixão obedecia aos processos químicos da adição e do engano. Por isso justificava os meus comportamentos — uma mulher e depois outra e outra — como se fosse um explorador obcecado em encontrar as cidades de ouro: a minha grande história de amor.

Do mesmo modo, buscava na erva, na cocaína e nas pastilhas de *ecstasy* a solução extraordinária que me arrancaria para sempre da convencionalidade da dor, do tédio e de uma vida normal. Subvertia a temperança aconselhada pelos gregos: conhece-te a ti mesmo, *tudo em excesso*.

Não serei agora o pregador da pureza e da abstinência. Reconheço que algumas drogas tiveram os atributos de uma revelação. Mas aquilo que começara por ser uma atividade lúdica, e até metafísica, deixou de ser apenas o experimentalismo de ver a realidade decantada pelas substâncias. No longo prazo, a dor substituirá sempre o prazer, transformando-se em ortodoxia. E o que antes servia para encobrir passa a evidenciar a ferida, impiedosamente.

Os alarmes eram óbvios. Saía de casa fazendo promessas de que não iria beber, fumar ou drogar-me. Mas logo começava a negociação. Só uma cerveja, depois um uísque, seguido de outro, até que alguém puxava do telefone para ligar ao dealer. Tantas vezes, diante do fiasco da ressaca no espelho, ciente de que, a cada recaída, só agravava o meu desvalor, lembrava-me da história de Roberto Durán, o pugilista e campeão do mundo, conhecido por aguentar os massacres dos adversários sem ir ao tapete. Até que, a meio de uma luta, baixou as luvas, virou as costas e disse, antes de sair do ringue: "*No más*". E nunca mais voltou a combater.

Também as minhas dores físicas e falhanços morais se tornavam incapacitantes. *No más*, pensava eu, cansado da porrada, sabendo que, tal como a idealização de uma grande história de amor, as drogas eram apenas mais um exercício de escapismo, um recurso simplista para algo profundo.

No más. Mas voltava sempre ao ringue. Se ficasse parado, receava perder algo vital. Tatuei um alvo no ombro e um coração no músculo do braço, como se desafiasse o mundo para um choque de frente. Destilava a tristeza, transformando-a em raiva, e tinha o hábito de atirar objetos e de esmurrar paredes. Quando a relação com Sarah terminou, sozinho, em casa, destruí uma mala aos pontapés. Quando a relação com Ruth terminou, fui dormir na cama de outra mulher dias depois de regressar de Rochester.

Por vezes, revolta e autodestruição são a mesma coisa.

Talvez não houvesse mesmo alternativa e só quando o sofrimento imposto por mim se tornou insuportável, mulher após mulher, ressaca após ressaca, consegui abandonar a cavalgada para o desastre e começar outra viagem, já não no sentido do desvario do futuro, mas rumo à aceitação do passado. Para que me tornasse o homem que ambicionava ser, era forçoso considerar o miúdo que fora. Isso implicava abandonar todos os truques e paliativos, trocar a festa da alienação pela imobilidade do luto, sair do ringue e desmantelar, por fim, a farsa do espetáculo que já não tinha nada de novo.

Hoje, quando penso nas manhãs em que saía destruído de um *after hour* ou nas vezes em que desrespeitei as mulheres que gostavam de mim, traindo-as, mentindo-lhes, ferindo-as com a minha indiferença e orgulho, a sensação de vergonha é também de repulsa, um mal-estar físico. Durante demasiado tempo, não queria ser assim, odiava-me por ser assim e, no entanto, não conseguia ser outra coisa.

Num aspeto, pelo menos, estive perto de ter razão. Não fui salvo milagrosamente por nenhuma mulher, mas foram elas, as namoradas, as amigas, a ex-mulher e uma psicoterapeuta, que me ajudaram a fazer o caminho de volta — tantos anos de colégio de rapazes e de uma família masculina impediam-me de contemplar sequer a revelação das minhas fraquezas a outros homens.

Porque não cresci com a minha mãe, nunca discutimos. Não me irritei com os seus maneirismos nem me desiludi com as suas ações. Não a conheci como adulto, ficou cristalizada no salitre das tardes de praia e nas luzes azuis da ambulância que a fora buscar a casa. A verdade é que não sabia o que era uma mulher, porque projetava em todas aquilo que inconscientemente idealizava. Não era a minha mãe que eu procurava no amor romântico. Ela não era sequer um termo de comparação válido, nada sabia da sua personalidade, não me lembrava da sua voz. O que eu tentava reproduzir era mais abstrato, a matriz inicial do amor que fora bruscamente interrompido.

Durante muitos anos, essa ideia parecia-me tão ridícula como quando me diziam que terminava todas as relações para não ser deixado. Um absurdo, respondia eu. Afinal, a minha mãe morrera de cancro, não se tratara de uma escolha, ela não tinha desertado. Confessar-me vulnerável ao abandono era algo contraintuitivo, porque me achava temerário, andava pelo mundo sem rede, iniciara uma vida nova em várias cidades e abdicava da segurança em favor da aventura. Se desafiasse tudo, confirmando o meu arrojo, não teria de reconhecer a conclusão mais dolorosa, aquela que provava a minha maior debilidade: eu ainda era o miúdo de oito anos abandonado pela mãe.

Depois de um casamento falhado, de uma separação e prestes a fazer quarenta anos, as árvores, as ruas, o céu, tudo pareceu desfazer-se das cores originais. Pela primeira vez, assumi que a perda exige o luto e abandonei os artifícios da fuga. Obriguei-me a ficar, acatando assim o cumprimento do calendário da dor, tão fundamental na experiência e na aprendizagem de estar vivo como é o tempo de que precisamos para fazer o pão e o vinho. Há coisas que não podem ser apressadas ou esquecidas. Há coisas que temos de deixar que passem por nós. Trinta anos após a morte da minha mãe, sentei-me à mesa e, numa casa vazia que já fora para dois, limitei-me a aguardar o tempo do pão e do vinho, esperando quieto que tudo voltasse a ter cor, até que um dia me levantei e fui abrir o saco de plástico com o testamento do meu avô.

3

Algo existe num dia de verão, no lento apagar das suas chamas

Se o silêncio é a língua materna do trauma, o escape é o primeiro comboio a sair da estação. Meses após a histerectomia, continuávamos a não falar sobre a doença, mas a manhã em que cruzámos a ponte e rumámos ao Sul, naquele verão de 1984, foi o nosso êxodo para a Terra Prometida. A minha mãe conduzia um Fiat 127 em segunda mão, com os dois filhos no banco de trás, e as lentes gigantes dos seus óculos escuros refletiam a luz solar e o campo aberto que, por fim, substituíam a clausura do inverno no quarto de casa, onde ela passara meses na cama. Nas janelas do Fiat soprava a velocidade, o pasto seco, o cheiro dos lagares de azeite. Até a roleta-russa da estrada nacional — com camiões em contramão durante uma ultrapassagem e o ocasional automóvel despedaçado na berma — tinha mais de Feira Popular do que de prenúncio de morte. Cada quilómetro adicionado no mostrador do tabliê era subtraído na contagem decrescente para o instante em que, ao ver a primeira chaminé mourisca numa casa caiada, os filhos julgavam descobrir um novo continente e gritavam: "Chegámos ao Algarve".

A minha mãe, que ganhara peso e cor, tinha o cabelo arranjado e vestia um macacão branco. Fomos recebidos na casa da minha avó como se o navio da remissão do cancro atracasse ao som da banda filarmónica. A minha avó repenicou as bochechas dos netos com beijos, serviu o almoço e, num êxtase de gratidão, foi incapaz de esperar os dias que faltavam para o meu aniversário. Levou-me para o vão das escadas e, puxando uma manta, revelou-me a BMX Órbita, branca e com punhos de esponja vermelha. Como é que aquele não prometia ser o melhor verão de sempre? Nos dias seguintes, se acompanhava a minha avó ao café ou ao supermercado e lhe perguntavam pela filha, ouvia-a responder: "Está limpinha", tão crédula na apresentação do diagnóstico como fora a acender velas, na igreja e em casa, nos meses após a cirurgia. Se, por acaso, a minha mãe integrava a parada vitoriosa da minha avó pelo bairro, ninguém mencionava os anúncios de cura, mas a dona da butique dizia: "Ai, Margarida, que a tua filha está tão bonita", a costureira sussurrava: "Rezei muito por ti, Rosinha", e o homem do talho entregava um saco de costeletas como se colocasse uma comenda ao pescoço da sobrevivente. O otimismo coletivo era corroborado a cada manhã na praia. A pele morena da minha mãe e o seu corpo estendido na toalha faziam-nos acreditar que o Sol podia implodir o sarro da radioterapia. No ato de preparar a comida para os filhos, no porta-moedas com o dinheiro certo para as bolas de berlim, mas também na sofreguidão com que mastigávamos sanduíches de queijo e cubos de melancia após uma sessão de carreirinhas, estava a prova do restabelecimento da ordem natural das coisas. E, se dúvidas houvesse, certa noite, no palco de um arraial, um cantor romântico com discos de platina apontou para a minha mãe, como num telediscо, e piscou-lhe o olho.

O reino dos Algarves, mitológico e múltiplo. Manhãs de praia e tardes a andar de bicicleta. Passeios na marina, a comer gelados e a efabular namoros de férias grandes com a miúda que me chamara "lisboeta escarreta", mas a quem eu julgava impressionar com os cavalinhos na BMX. Na serra, andávamos à solta com os cães, bebíamos água do poço e trepávamos árvores para comer pêssegos, nêsperas e ameixas. Os meus tios mandavam na noite. Faziam a segurança no bar Crazy Bull e as pretendentes procuravam-nos no apartamento da minha avó, confundindo quinze minutos no capô de um Escort com uma proposta de matrimónio. A avó Margarida, depois de ir à varanda e gritar lá para baixo: "Se descobrir onde anda esse gandulo, diga-me, porque eu também gostava de saber", regressava à cozinha e informava-nos, enquanto martelava os bifes na tábua: "Mais uma pateta alegre que vai ter um desgosto".

O apartamento dos meus avós era o cenário de uma radionovela, por vezes comédia familiar, outras, teatro de revista. Fosse o ressonar sísmico do avô Daniel ou as enormes cintas da avó Margarida estendidas na varanda, tudo parecia um adereço de palco, cada protagonista uma caricatura. Na sala, com móveis pretos e sofás que arranhavam as costas, seguíamos a liturgia da televisão a cores, diante da qual o meu avô comungava as notícias da noite, porque podia ser analfabeto mas gostava de ouvir o presidente dos Estados Unidos falar.

Na cozinha pequena, governava a minha avó. Manhãs e tardes a cortar batatas aos palitos e a estufar vitela para que, à hora certa, marido, filhos e netos se apertassem ao redor da mesa, os corpos transpirados e a algazarra vibrando nas facas que tanto serviam para talhar um melão como para o avô Daniel ameaçar o filho drogado. O tio Jorge era tão previsível a falhar compromissos como a puxar sorrateiramente a minha avó para o corredor, onde lhe assegurava que ia mudar de vida, e depois beijava o Cristo que tinha ao peito, santificando assim a milésima promessa e sabendo que a carteira dela cederia a mais um truque de ilusionismo: "Já não faço essas coisas, mãe, é só para ir beber um café, eu amanhã pago."

Havia três quartos no apartamento, alinhados ao longo de um corredor, cada porta vigiada por bustos de mulheres em pau preto, que o meu pai trouxera de Angola. Tantas vezes os meus dedos investigaram aquelas carapinhas de madeira, mas sobretudo a polpa negra e dura dos lábios e das mamas. Era então que mais desejava que a Vanessa, do andar de baixo, me viesse buscar para, na clandestinidade das escadas, usar a minha boca em treinos de beijos com língua.

Havia ainda a vertigem da velocidade, quando o meu tio Fernando prometia bater a barreira do som na sua moto de mil centímetros cúbicos ou quando viajávamos na caixa aberta do camião do meu avô. Saltos da prancha de cinco metros, descidas na bicicleta sem apertar os travões, a graciosidade dos nossos perfis cortando as ondas ou mergulhando no céu refletido na piscina. A água com cloro, a água do mar, a água da mangueira com que a Vanessa, no terraço do prédio, e após deixar cair a parte de cima do biquíni, se livrava do sal da praia. Tudo era fluido, esplêndido e sensorial. Durante a aventura do verão sem cancro, nada de ruim nos poderia acontecer.

No quarto de hóspedes, o meu irmão deitava-se num divã encostado à parede enquanto eu, em vez de me esconder sob o estrado e o colchão, partilhava agora a cama de casal com a minha mãe. O horário de atividades decretava que os miúdos tomassem sempre banho antes de jantar, mas certa vez faltou a água e fomos para a cama lambuzados de suor e poeira do pinhal. Numa hora tardia e escura, a minha mãe acordou-me e fui levado para a casa de banho, onde o vapor da água tornou ainda mais onírica a sensação que trazia da cama. Lembro-me dos seus dedos no meu cabelo e do sopro do secador arrepiando-me o pescoço. Durante anos, e já adulto, se estava na cama e uma mulher secava o cabelo algures na casa, sentia ainda esse arrepio. Há qualquer coisa de risível nesse reflexo condicionado por um eletrodoméstico. E, no entanto, basta apertar o botão de um secador para que volte a ser o miúdo que tinha uma mãe.

É compreensível que, retrospetivamente, na minha cabeça de adulto, esse verão de 1984 se tenha transformado no último reduto intocado pelo cancro e pela morte. O Algarve do vigor e da sensualidade — a praia, a serra, a fruta, os nossos corpos inquebráveis. "Está limpinha", dizia a minha avó, confirmando que aquele seria o verão em que já não se falava da coisa ruim, não por medo mas porque a coisa ruim fora destruída na mesa de operações, na sala de radioterapia, nas manhãs de maré baixa, quando as avionetas bombardeavam o areal com panfletos e paraquedistas miniatura e eu corria na direção das ondas, arriscando a picada de um peixe-aranha para salvar um brinde de morrer afogado.

Na praia, a minha mãe, deitada de barriga para baixo, com o fato de banho desenlaçado para bronzear as costas, sentou-se e pediu-me que lhe apertasse as alças. Em vez de obedecer, puxei as alças para diante e, por um segundo, o peito dela ficou descoberto. Lembro-me da sua estupefação e embaraço, tal como do raspanete, das feições reprovadoras das amigas e do meu irmão a dizer: "És parvo ou fazes-te?".

O que ninguém podia saber: eu preferia o vexame de acharem que queria expor a minha mãe — deixando-a nua, no meio da praia — do que descobrissem o verdadeiro intuito daquele gesto. Seria muito mais assustador entrar na zona do cancro e, sem qualquer manobra de diversão, pedir à minha mãe que mostrasse a cicatriz da cirurgia na barriga. Para ser mais exato: pedir à minha mãe que me dissesse: "Não há nenhuma cicatriz na barriga".

O último passeio

O outono do regresso às aulas, do regresso ao cancro.

No dia 9 de novembro de 1984, a minha avó Margarida fazia cinquenta anos e, no caminho para o hospital, duas amigas ofereceram-lhe uma flor. A minha mãe, que fora internada para começar mais um tratamento de radioterapia, recebeu as visitas depois de, segundo a minha avó, "ter saído de dentro de uma máquina, que era para queimar aquilo". Tantos anos depois e a minha avó ainda não é capaz de dizer cancro. "Eu tinha ido lá espreitar, na sala onde ela estava", contou-me. "E a enfermeira perguntou: 'A senhora é a mãe? Então não venha para aqui, não se ponha a ver isto'. Quando a tua mãe regressou ao quarto, ofereci-lhe a flor, mas ela não quis. As amigas diziam-me: 'Deixe lá, as pessoas ficam assim com esta doença'. Ela estava tão revoltada."

Para queimar aquilo.
Não se ponha a ver isto.
As pessoas ficam assim com esta doença.
Ela estava tão revoltada.

Sem acesso a uma ficha clínica, a doença da minha mãe é agora aquilo que parece que ela queria que fosse: uma condição só sua. Recusava que o meu pai a acompanhasse nos tratamentos, preferia que os filhos não a vissem no hospital, horas sozinha, fechada no quarto, e eu a meter-me debaixo da cama.

"Que flor é que lhe deste?", perguntei à minha avó.

"Uma túlipa. Nunca mais quis saber dessas flores para nada."

Talvez fosse antes ou depois das sessões de radioterapia, não sei, mas a seguinte viagem de família não foi motivada pela esperança que um derradeiro tratamento podia oferecer. Naquele carro — a caminho do Norte, em vez do Sul —, já só eu acreditava que a realidade podia ser truncada por deus ou pelos super-heróis. Há uma fotografia tirada pelo meu pai, durante essa semana em que percorremos as estradas do país. Estou ao lado da minha mãe, uma mão no bolso e a cabeça inclinada, a boca de amuo, o traço zangado das sobrancelhas. Ela segura uma bolsa. Tem os mesmos óculos escuros do verão. Mas na sua postura nenhum resquício do salvo-conduto das férias grandes. Há outra fotografia idêntica, tirada no mesmo jardim, desta vez é o meu irmão que tem uma mão no bolso, e a mesma boca, as mesmas sobrancelhas. Em ambas imagens, as feições da minha mãe são puro abandono, não se trata de desinteresse pelos filhos, pela viagem ou pelo marido, mas provavelmente a constatação, tantas vezes confundida com insensibilidade, de nos sabermos sozinhos na morte.

Quando, há uns meses, tentei explicar ao Pedro o grau de nitidez da mágoa nessas fotografias, ele disse:

"Foda-se, ela sabia que ia morrer, como é que não havíamos de estar tristes?"

Na sua resposta, ouvia-se ainda aquilo que o miúdo de doze anos não fora capaz de dizer durante sete dias de viagem em 1984:

"Foda-se, eu sei que ela vai morrer."

Mas eu não sabia. E o espanto de perceber, pela primeira vez, que o meu irmão fizera centenas de quilómetros, fechado num carro, sem dúvidas sobre o desenlace do destino, impediu-me de ir adiante com a conversa, como se, nos minutos seguintes, não pudéssemos suportar mais descobertas. Por isso não lhe contei que, após tantos anos sem abrir os álbuns da infância, procurei essas fotografias no escritório da casa do nosso pai. Não lhe disse que a resistência ao choro se tornou impossível ao ler a legenda da imagem em que apareço ao lado da mãe: "Com a mamã no jardim de Castelo Branco — o último passeio". Tampouco lhe disse que a imaginei diante da objetiva da câmara e que talvez ela tivesse contemplado, no instante do clique, a única hipótese de sobrevivência que lhe restava: os filhos iriam olhar para aquela fotografia, muitos anos mais tarde, e lembrar-se da mãe. Tanto tempo depois, cumpri, por fim, essa profecia, como se voltasse a ser a criança obediente que quer agradar à mãe.

Não sei se parámos no Porto, só me lembro de Vigo, da novidade da língua, da comida e do dinheiro espanhol. Os *calamares* no restaurante e a seção de brinquedos no Corte Inglés — nos anos 1980, Espanha estava para a indústria de *juguetes* como a América para a corrida ao espaço. Os meus pais compraram-me aquilo que não havia em Portugal: o He-Man e a sua nave; o Skeletor e o seu tigre de veludo roxo. Se os presentes foram uma maneira de os meus pais comiserarem as suas próprias penas ou as penas do filho mais pequeno, não posso saber — suponho que ambas. Mas brincar com aqueles bonecos, criar histórias para eles, permitiu que, durante horas, no banco traseiro do carro, prevalecesse a ideia de que uma viagem implica diversão, em vez de um réquiem de silêncio pela estrada fora.

No primeiro ano da faculdade, uma colega morreu atropelada e os alunos da minha turma alugaram um autocarro para ir ao funeral no centro do país. Como já não tinha idade para brinquedos, logo na partida comecei a contar anedotas. Uma amiga repreendeu-me: "Achas que hoje é dia para esses disparates?". Não soube explicar-lhe que eram os disparates ou saltar do autocarro em andamento, nem lhe pedi que entendesse que era preciso manter a orquestra a tocar, o palhaço na pista e o He-Man voando no banco de trás de um carro, algures entre a Galiza e o Minho, para que a história não chegasse ao fim.

De Vigo fomos para o Gerês, e a noite apanhou-nos na serra. O lustro verde do mato foi devorado, num átimo, pelo negrume do céu. Contracurvas que brotavam da escuridão, a luz dos faróis cada vez mais líquida no nevoeiro. O meu pai parou para ver o mapa. Perguntaram-me: "Precisas de fazer xixi?". Embora a resposta fosse afirmativa, eu não iria colocar-me diante das trevas com as calças pelos joelhos.

"Estamos perdidos?", perguntou o meu irmão.

"Isto é trigo limpo, farinha amparo", respondeu o meu pai, mas durante uma hora não conseguimos encontrar um hotel, até que desembocámos numa pousada cuja nobreza reminiscente apodrecia nos reposteiros e nas carpetes. O edifício podia ser de granito, mas a neblina do bosque entrava pelas frestas, e a cada passo surgia uma nuvem de pó na alcatifa, rangiam canos e madeiras. A suite era, afinal, uma cama reumática e dois colchões no soalho para os miúdos.

Quando o meu pai foi abrir a porta da casa de banho, ficou com a maçaneta na mão. Rimos todos. Corri para a retrete, abrindo já o fecho das calças, cada vez mais aflito porque não encontrava o interruptor. O meu pai e o Pedro tateavam as paredes em busca de algo que produzisse luz. Sentada na cama, a minha mãe ria-se da prestação humorística dos três estarolas. Quando puxei o cordel do autoclismo, acendeu-se uma lâmpada presa num fio descarnado. Talvez aquele momento fosse o apogeu de uma sequência de comédia que começara quando nos perdemos na serra; talvez a família tenha compreendido a ironia de estar num sítio prestes a desmoronar; mas a verdade é que não conseguíamos parar de rir. O meu pai punha e tirava a maçaneta da porta, eu puxava o cordel da lâmpada sem parar, e a família aparecia na luz e sumia no breu. Esperávamos talvez que a repetição fosse a única forma de parar o tempo. Ficaríamos para sempre naquela pousada, morando na suite, todos os serões apresentaríamos o nosso número de maçanetas e cordéis, com o pai a fazer de mestre de cerimónias: "Isto é trigo limpo, farinha amparo".

Essa foi a última vez que dormimos todos no mesmo quarto.

O destino era a Lageosa da Raia, a aldeia do meu avô paterno, onde moravam ainda alguns dos nossos familiares. Mas antes parámos em Poço Velho, uma povoação com uma dúzia de casas, onde o meu pai nascera em 1944, quando o meu avô Domingos patrulhava a fronteira como guarda fiscal depois de ter sido contrabandista durante anos. Há uma fotografia em que estou com o meu irmão, diante de um muro de pedra. Lá atrás vê-se um telhado velho e uma parede caiada. O meu pai desenhou uma seta na foto e escreveu uma legenda no álbum, mais uma vez simulando o meu ponto de vista como narrador: "Casa velha onde o avô Domingos tinha o gado. Ao lado existia a casa onde o meu pai viveu até aos cinco anos e meio". Noutra foto, mais uma seta e uma legenda: "Nesta árvore, o meu avô fez um baloiço de corda para o meu pai".

Prestes a perder a mulher, não seria de espantar que o meu pai procurasse num baloiço, que não estava lá, o princípio de tudo. O avô Domingos morrera no hospital dois anos antes, após a terceira trombose, quando já nem a bengala ou a bolinha com que exercitava o braço paralisado apresentavam qualquer préstimo.

O meu pai tinha quarenta e um anos, dois filhos, uma mulher com cancro e pagava ainda o empréstimo com o qual o meu avô construíra o restaurante. Em pouco tempo, além de ser órfão de pai, seria também viúvo. As memórias de infância, naquele largo, eram um alívio na viagem de despedida. Quando os filhos corriam pelas mesmas ruas onde também ele correra com o pai, estabelecia-se o progresso da estirpe, três gerações ao longo de um século. Essa sensação de continuidade, pertença e propósito que atribuímos às linhas de sangue. O filho, que agora era pai e regressava ao lugar onde fora filho. Durante um instante, a conceção linear do tempo implodiu e, no largo daquela aldeia, o passado, o presente e o futuro foram uma só coisa — o eterno retorno. Porque tu és pó, e ao pó da terra retornarás.

Quando o protagonista do livro de Tolstói *A morte de Ivan Ilych* se prepara para receber a extrema-unção, está na cama há meses, com um cancro terminal, e a sua mente busca um abrigo: "Vinham-lhe à memória as ameixas francesas, secas e enrugadas, da sua infância, o sabor peculiar quando ele chupava os caroços, e, juntamente com a memória desse sabor, chegava uma série de memórias desses dias: a ama, o irmão, os brinquedos".

Se o meu pai tinha o largo de Poço Velho, eu o Algarve de 1984, e Ivan Ilych as ameixas, o que teria a minha mãe? Que pensaria ela no largo da aldeia? Que sentiria de cada vez que se olhava no espelho num quarto de hotel? Certamente viveu momentos em que tudo lhe parecia final e em que estava ciente de ser a última vez que passaria naquelas estradas. Mas também terá sentido esperança, talvez os médicos em Londres tivessem algum procedimento pioneiro para deter as metástases, e, ao pensar isso, começava a negociar, primeiro modesta, desejando outro Natal, mas depois olhava para os filhos no banco de trás, lembrava-se de como ainda era jovem. Porque não pedir mais uma década, construir a casa no terreno do Estoril, viajar com o marido para uma capital europeia? Até lá, quem sabe?, talvez já alguém tivesse descoberto a cura.

Em qualquer biografia de um sobrevivente de cancro constam palavras como "fé", "superação", "perseverança", "lições de vida". Até enfrentarem a doença, poucos pacientes terão experimentado algo tão ímpar: após serem sentenciados à morte, pedem-lhes que, apesar da dor, das cirurgias e dos tratamentos tóxicos, se mantenham vivos. Mas não é tão ímpar a forma como têm de proceder diante da normalidade e do quotidiano? O cancro não descarrila comboios, não impede o ciclo das estações, não suspende o instante em que o doente, ao despertar a cada manhã, percebe que, ainda que tanto tenha mudado, tudo continua na mesma.

Talvez essa semana no Norte do país tenha passado muito rápido para a minha mãe, ou talvez se sentisse à deriva no tempo. Durante a viagem, ela teve de desfazer as malas e mandou-nos lavar as mãos antes de comer. Pediu a chave do quarto a recepcionistas e ficou com o casaco preso na porta do carro. Todos os dias, cada gesto mundano teria a gravidade das coisas derradeiras. Ou talvez fosse o contrário, e a coragem não estivesse em lidar com a normalidade quando tudo lhe parecia anormal. Talvez calçar as meias ao filho mais novo ou limpar o queixo do marido com um guardanapo fossem apenas isso, gestos mundanos. Haverá algo mais sensato, humilde e simples do que, perante a infalibilidade da morte, continuarmos a viver ainda? Não é isso, afinal, que fazemos desde o primeiro segundo da existência?

Na Lageosa da Raia ficámos hospedados na casa da tia Aurora, irmã da minha avó paterna. O seu marido levou-me a passear de burro pelas ruas onde, segundo ele, os miúdos no início do século XX ainda andavam descalços na neve e as famílias compravam um porco a crédito para o ano inteiro. Se entrávamos no café, logo alguém dizia: "Estes são os netos do Domingos", como se a consanguinidade fosse a senha vitalícia para que, sempre que ali chegássemos, nos recebessem com pão, presunto e vinho, tal como fariam com o próprio Domingos.

Nessa aldeia fronteiriça é onde melhor reconheço a origem e a identidade do clã paterno: a terra estéril, os pedregulhos da serra, o contrabando a cavalo, a emigração a salto, o ponto de partida para a aventura da família pela Europa e pela América, a diáspora da aldeia levada para as ruas de Nova York, Paris, Buenos Aires ou Rio de Janeiro; mas também o bingo genético que forjou a teimosia que nos leva adiante e tantas vezes nos isola do mundo; a disposição para o trabalho duro e a tirania das nossas vontades; o reconhecimento imediato quando nos encontramos na Lageosa e nos beijamos na cara.

Antes do regresso, parámos no jardim de Castelo Branco e tirámos fotografias. "O último passeio da mamã." Só recentemente, quando via as reproduções do álbum no meu telefone, dei conta de algo em que nunca reparara antes. Nessa imagem, ela tem os dedos entrelaçados nos meus. Mãe e filho de mão dada, não tanto uma memória — porque, na verdade, não me lembro do seu toque —, mas pelo menos a confirmação de que, embora triste e doente e sozinha, o seu gesto mundano dessa tarde é agora uma relíquia no meu espólio.

Todos os meus mortos, todos os meus vivos

Em 2017, o carro avança novamente pela autoestrada rumo ao Norte. Vamos em direção à Lageosa da Raia, onde parámos no "último passeio da mamã". Há trinta e três anos que pai e filhos não fazem uma viagem juntos. Na distribuição dos lugares no carro há um indício da passagem do tempo. Em vez de quatro passageiros, somos três. O filho mais velho vai ao volante e o pai no banco do pendura, onde antes viajava a mãe. No banco de trás, posso ser ainda o filho mais novo, mas, com quarenta e um anos, em vez de recorrer aos brinquedos para debelar o aborrecimento da estrada, atrevo-me a perguntar por onde andámos nessa viagem em 1984. "Vigo, Gerês, Castelo Branco", responde o meu pai. Não consigo perguntar-lhe: "A mãe já estava muito doente?", porque ele interrompe a listagem do itinerário e desvia o olhar para a janela.

Lá fora, os campos são fuligem de carvão, e mesmo os eucaliptos que não arderam nos incêndios parecem agora postes de cobre, brilhando ao sol de agosto com as cores do outono. Durante quilómetros, a terra carbonizada impõe-nos a melancolia da perda. Fecho os olhos para não ver a paisagem ardida, tal como, há minutos, o meu pai virou a cara para a janela.

"Já alguma vez sonharam que voam?", pergunta ele, a meio do caminho, iniciando uma conversa sobre os sonhos e os medos: dentes que caem, tombos de precipícios, o liceu por acabar. "Às vezes sonho que me chamam para fazer mais uma comissão em Angola. Ou que estou lá agora, mas é uma cidade diferente, não é Luanda." Ao longo de três décadas, o meu pai sonhou apenas uma vez com a mulher, logo após a morte. Foi um sonho breve, no qual ela garantia que estava tudo bem e lhe pedia que cuidasse dos filhos. Eu nunca sonhei com a minha mãe.

O computador de bordo informa que estamos oitocentos metros acima do nível do mar. Por entre os cerros de carvalhos, as lajes de granito espalham-se na serra como discos voadores. "Lageosa vem de laje", diz o meu pai. "Isto é só pedras. A terra não dá nada de jeito. Não admira que as pessoas quisessem sair daqui."

Em 1929, o meu avô Domingos emigrou ilegalmente para França. O meu pai emigrou em 1963, também a salto, tentando chegar a Londres, mas foi barrado em Calais e acabou por ficar uma temporada em Paris, onde regressaria dez anos mais tarde, para lá viver com a minha mãe e o primeiro filho. Baltazar, primo do meu pai, que nos recebe na sua casa da Lageosa, partiu para França com treze anos.

Faz muito calor a meio da tarde e um galo canta fora de horas. Na mesa debaixo do alpendre, Suzane, a filha do Baltazar, serve-nos limonada com hortelã. Sobre a mesa está uma travessa com morangos acabados de colher. Suzane casou-se com um croata, e Pierre, o seu irmão, com uma basca. Os filhos de ambos vivem em França e falam várias línguas. Nenhum dos miúdos presta atenção quando o avô Baltazar diz: "Tivemos de atravessar para Espanha a pé e depois fomos cento e oitenta num camião, todos entalados, escondidos por fardos de palha. Deixaram-nos nos Pireneus e andámos sessenta e sete horas até Paris".

Embora só tenha estado com esses primos uma meia dúzia de vezes, há uma proximidade instantânea quando nos encontramos, o mesmo que sinto ao imaginar o meu avô, numa noite sem luar, a carregar sacos de contrabando pelas veredas da serra que agora nos rodeia. No território das nossas origens, e carentes de um mito fundacional, é mais forte a convergência do sangue do mesmo sangue. Talvez seja apenas o desejo humano de pertença e continuidade, de não sermos uma peça avulsa, mas parte de uma corrente intemporal que nos antecede e continuará a expandir-se depois de nós.

A Lurdes, a mulher do primo Baltazar, conta que saiu de Trás-os-Montes sozinha, aos doze anos, dirigindo-se a uma das aldeias fronteiriças que serviam de entreposto aos *passadores* dos emigrantes a salto. "Éramos nove irmãos. O meu pai morreu e havia muitas bocas para alimentar. Se me fosse embora, era menos um encargo para a família. Cortei as tranças para parecer um rapaz. Uma menina a viajar sozinha podia ser perigoso. Os *passadores* espanhóis diziam-me '*Vamos, chico, vamos*'. Deixaram-nos nos Pireneus e continuámos a pé. Nas montanhas, comecei a ver roupa, sapatos, malas, eram as coisas dos emigrantes que tinham passado por ali e morrido no caminho. Uns escorregavam e caíam, outros estavam muito cansados ou demasiado velhos para continuar. Ficavam ali, abandonados. Uma senhora deu-me um casaco porque fazia frio. Nessa noite choveu muito e estávamos ao relento. Fiquei com o casaco encharcado, pesava-me muito, mas levei-o até ao fim, para o devolver quando chegasse a Paris."

Saímos de casa para caminhar pela aldeia. Passamos por cães rafeiros, homens a cavalo e netos de emigrantes que fazem corridas de moto. "A primeira vez que andei de carro foi para ir fazer o exame da quarta classe", diz o primo Baltazar. "Quando partíamos para França, deixávamos cá metade de uma fotografia nossa. E, quando chegávamos lá, mandávamos a outra metade pelo correio, para que soubessem que tínhamos chegado bem." Baltazar aponta para a casa que foi do meu tio-avô:

"O tio Nuno pegava em pedaços de cartão dos supermercados, espetava quatro paus no chão e fazia barracas para alugar aos emigrantes que chegavam às *bidonvilles*. Fui lá uma vez. Tinha de levar galochas, era lama por todo lado."

Em três gerações, a família deixou de ter contrabandistas e agentes imobiliários de barracas. Os netos do Baltazar viajam pela Europa sem precisarem de passaporte. Têm acesso à internet nos seus telefones, na aldeia onde antes só se cozia pão uma vez por semana.

"O Chico Canelas já morreu?", pergunta o meu pai.

"Esse já lá está há muito tempo", responde o primo.

O Chico Canelas falsificava passaportes e foi apanhado pela guarda fiscal. Um dia depois, fugiu da prisão. Foi para França, onde andava sempre com uma pistola.

"E o António Tomates?"

"Esse também já está ali no cemitério."

No bar, onde entramos para beber água, toca um *reggaetón* numa estação de rádio espanhola. Na televisão passa um DVD de capeias raianas — a tourada em que vários homens pegam num forcão de madeira com centenas de quilos, uma espécie de garfo gigante contra o qual o touro investe consecutivamente. Na parede do bar está um cartaz com a fotografia de um touro: "Tradição. Família. Amizade. Isto é Lageosa". O dono do estabelecimento queixa-se: "Estou farto de ouvir falar francês. Mas aqui, se esses putos não pedem as coisas em português, estão fodidos, que não bebem nada".

A escola, que na infância do primo Baltazar tinha cento e cinquenta alunos, é agora um minimercado. Por causa da festa da Nossa Senhora das Neves, que todos os anos traz os emigrantes de volta, há no largo da aldeia insufláveis para crianças e um touro mecânico que cospe adolescentes.

"O que é feito do Chico Vilas?", pergunta o meu pai.

"Esse também já está a fazer tijolo."

No final da tarde, voltamos ao hotel. O sol aproxima-se do horizonte, e as suas cores, no contorno da serra, são como o fôlego de um incêndio. Vamos em silêncio e cansados. Penso no meu avô, que nasceu meses antes da Implantação da República. Tinha sete anos quando milhares de pessoas se juntaram na Cova da Iria, antecipando o aparecimento da Virgem num país com dois terços de analfabetos. Certa noite, aos dezanove anos, e com o objetivo de chegar à França, fugiu da guarda, algures por entre estes outeiros, na companhia de um primo que nunca tinha visto um barco e que, antes de cruzar o rio, olhou para os remos e perguntou: "Domingos, o que é que faço com estes paus?".

O meu avô foi contrabandista durante a Guerra Civil Espanhola e guarda fiscal, anos mais tarde, quando as bombas incendiavam Londres, Dresden e Hiroshima. Em 1949, estava de serviço na fronteira quando pediu a um PIDE se permitia a entrada em Portugal do seu irmão Nuno, que voltava de Paris para visitar a família. O agente assentiu e, no dia seguinte, denunciou o meu avô. Só o testemunho abonatório do capitão da guarda fiscal impediu que fosse preso e expulso da corporação, mas despacharam-no para um posto isolado no Alentejo.

No restaurante perto do hotel, ao jantar, enquanto o cabrito assa nas brasas da lenha de azevinho, a televisão passa imagens de refugiados no Mediterrâneo. Na mesa mais próxima, alguém diz: "Agora também toda a porcaria quer fugir para a Europa".

E eu penso: o meu avô, o meu pai, o meu primo — essa *porcaria* que tanto precisou de fugir para a Europa.

Vamos a caminho de Poço Velho, onde o meu pai nasceu e onde estivemos a última vez em 1984. Uma cegonha fecha a envergadura das asas ao aterrar numa das guaritas de pedra que protegiam os guardas fiscais da chuva e do frio. Desembarcamos na aldeia e o meu pai diz que tem uma fotografia, em criança, no lugar onde antes estava um olmo rodeado por um círculo de granito. E continua a assinalar o que permanece e o que desapareceu. O riacho secou, mas o terreno no qual os meus avós tinham uma horta serve ainda o mesmo propósito. Ele olha para uma árvore, indeciso. É aquele o carvalho onde havia um baloiço de corda? Fala dos brinquedos que o pai lhe fazia com um canivete e pedaços de madeira: cavalos, vacas, carros de bois. Diz: "Lembro-me que ele chegava de noite, do serviço na guarda fiscal, na sua bicicleta, e ia sempre dar-me um beijo à cama". Depois aponta para o campo: "A casa onde morávamos já não existe".

E ficamos os três a olhar para aquilo que deixou de ser.

De noite, passeio sozinho pelas ruas sem vivalma ao redor do hotel. O sino da igreja marca a hora certa. Tenho comigo todos os meus mortos, todos os meus vivos, e sei agora por que, ao longo de todos estes anos, nunca arrisquei perguntar: e se a minha mãe fosse viva? É que, de todos os eventos biográficos da família, nenhum foi tão decisivo e irrevogável. A ausência da minha mãe é aquilo que sou. Se ela não tivesse morrido, talvez nem sequer escrevesse. Teria outra identidade, outra história. Imaginá-la viva seria, portanto, uma forma de aniquilação.

* * *

Na viagem de regresso a Lisboa, quase não falamos. Cada um no seu banco, o rádio desligado. Amanhã deve ser segunda-feira. E só talvez num aniversário ou no Natal estaremos os três juntos novamente. Nessas ocasiões, o meu pai coloca a sua mão ao lado das nossas e assinala como são idênticas, a melhor forma de, apesar de todos os desacordos e ressentimentos, mostrar que ainda somos seus filhos. Temos em comum a postura irredutível e a rispidez das palavras que já trocámos. O balanço entre o desapego e a carência. O chavão de tantas famílias: o pai que não reconhece o crescimento dos filhos, os filhos que não aceitam o domínio do pai — a incapacidade de fazer a transição de um tempo de inocência e felicidade, quando o pai é protetor e herói, para um tempo de conflito e afastamento, quando o filho faz escolhas e a expressão do amor já não se resolve com pegar-lhe ao colo ou vê-lo a dormir no berço. Mais além das mãos iguais ou dos anos que passámos na mesma casa, há algo poderoso que nos aproxima tanto como nos foi afastando: morreu-nos a mesma mulher.

Em tempos, sonhei que estávamos os três — pai e filhos — numa sala, após uma explosão. Quando o fumo e o fogo se extinguiam, aparecíamos maltratados, cobertos de sangue e destroços, mas vivos. E, sem que disséssemos coisa alguma, sem que nos olhássemos sequer, cada um saía por uma porta diferente.

De repente, não mais que de repente

Se procuro evocar o Natal de 1984, o último com a minha mãe, só me ocorrem os versos da *Ladainha dos póstumos Natais*, de David Mourão Ferreira, que li muitos anos mais tarde.

Há de vir um Natal e será o primeiro
em que se veja à mesa o meu lugar vazio

Julgo que ainda abríamos os presentes na manhã do dia 25 de dezembro e que, durante a noite, ao ouvir barulhos na casa, ponderei como poderia um saco de brinquedos passar pelo exaustor da chaminé. É possível que a morte da minha mãe tenha apressado o fim do Pai Natal e da minha ingenuidade, porque daí em diante a tradição mudou e passámos a abrir os presentes na noite da consoada. Desse Natal, não tenho recordações com presépios, presentes e uma mesa sem lugares vazios. Talvez isso se explique porque algo mais importante acontecia em nossa casa. Iniciara-se a logística da viagem para Londres. "Eles na Inglaterra estão muito mais avançados do que em Portugal", diziam os adultos — metade esperança na ciência do primeiro mundo, metade fé e desespero. O médico da minha mãe opôs-se, recusando-se a entregar a ficha clínica, argumentando que ela não aguentaria o voo ou uma colostomia, procedimento que ele considerava tão inútil como devastador — o cancro tinha alastrado para os intestinos, seria preciso fazer um buraco na parede do abdómen e unir o estoma a um saco para recolher as fezes.

Uma vez que esperança e engano são muitas vezes a mesma coisa, ninguém na família queria aceitar o vaticínio do médico, e de imediato se iniciou o processo de racionalização: ele não a tinha curado, com certeza tomara medidas erradas, e por causa disso o cancro espalhara-se, além de que o seu ufanismo não lhe permitia reconhecer que os ingleses estavam no futuro.

Em janeiro de 1985, a viagem tornara-se uma missão. Foi preciso vender o carro da minha mãe, juntar as poupanças, pedir empréstimos a amigos da família para comprar as passagens e, a fim de garantir o internamento no hospital, enviar o dinheiro para Inglaterra. O meu pai contava com os amigos de juventude emigrados em Londres, que lhe dariam hospedagem e com quem articulava, por telefone, cada tarefa burocrática, cada favor. Era ainda necessário aceder aos requisitos da companhia aérea, contratando o médico e a enfermeira que acompanhariam a minha mãe no avião.

"Vão-se os anéis, ficam os dedos", dizia a avó Margarida, que se mudou lá para casa para cuidar dos netos. E, num dia de chuva, em fevereiro de 1985, as luzes azuis de uma ambulância piscavam na janela da sala.

Há de vir um Natal e será o primeiro
em que hão de me lembrar de modo menos nítido

Embora esse tenha sido um dia tão assinalável para a família, as lembranças divergem, mas parece claro que chovia, que houve uma visita inesperada e que a ambulância esteve na rua à espera da minha mãe.

Tocaram à porta. Era um amigo meu, filho de uns vizinhos, que queria despedir-se dela. Não me lembro do seu nome, mas sei que a minha mãe se mostrou alarmada com a lama que o rapaz trazia nos sapatos. Pediu que se descalçasse e foi buscar-lhe uns chinelos. Imagino que fosse uma tentativa de controlo perante o caos, mais uma vez o cumprimento dos gestos mundanos a afirmar a vida, porque, embora as luzes da ambulância entrassem pela sala adentro e uma equipa médica a esperasse no aeroporto, não havia motivo para que a ordem e a limpeza da casa deixassem de ter a mesma prioridade de sempre. Mesmo na doença — ou principalmente na doença —, não bastava ser respeitável, também havia que parecer.

(Nessas últimas semanas, incapaz de manter o aprumo da sua aparência e de ocultar a palidez e a magreza, ela só saía de casa à noite, quando lojas e pastelarias estavam fechadas e não havia o risco de se cruzar com alguém conhecido.)

O esmero da minha mãe na administração da casa e dos filhos era a sua melhor forma de expressar afeto. O sentido de compromisso com que nos mandava arrumar os brinquedos era, afinal, o mesmo com que, nas férias de verão, guardava as moedas certas para nos comprar as bolas de berlim.

"Lembras-te de a mãe ser carinhosa?", perguntei ao Pedro quando regressávamos do Algarve.

"Sim."

"Eu não."

"Ela era um bocadinho seca, tentava dar-nos uma educação rigorosa, com disciplina e boas maneiras. Mostrava sempre muito cuidado com os filhos. Andávamos impecáveis. Nem uma nódoa ou um vinco. Não acho que fosse extremosa, mas lembro-me dos mimos do pão quente que ia buscar antes que chegássemos da escola, do cestinho que nos preparava para o almoço, dos panos bordados à mão, com as sandes e a fruta lá dentro."

Há de vir um Natal e será o primeiro
em que só uma voz me evoque a sós consigo

Enquanto a minha mãe se preparava para sair para o aeroporto, montei o tabuleiro do Monopólio na mesa da sala e iniciei o jogo com o meu amigo. Os hotéis miniatura estavam manchados pelas luzes rotativas da ambulância, havia chuva azul na janela, pingos que pareciam diamantes desfocados. Lancei os dados para comprar mais um hotel, recebi um passe para me livrar da cadeia. O roupão da minha mãe, a cara, o cabelo, tudo era azul e intermitente. Durante anos, esta memória surgia-me como se vista com a precisão de uma lupa de ourives: a chuva, as luzes, o roupão, mas também a minha culpa por, naquele momento, ter preferido a leveza de um jogo à gravidade da despedida.

Achas que hoje é dia para esses disparates?

Ela entrou na sala e disse: "Vá, meninos, está quase na hora da carrinha". Uma ordem final, e os filhos a cumprir, porque obedecer-lhe era a forma de preservarmos a harmonia com que nos criara.

No artigo que escreveu para o jornal *The Guardian*, o filho de Susan Sontag explica que a mãe, prestes a morrer, não permitiu que ninguém se despedisse. "Era impossível dizer-lhe, de uma forma profunda, que a amava, porque ao fazê-lo estaria a afirmar: 'Estás a morrer.'"

Na viagem de regresso do Algarve, o meu irmão disse-me:

"Naquele momento era muito importante um abraço, um abraço em que não és o último a largar, sentir que ela nos amava. Dizeres o que sentes. Isso não aconteceu. Não sei o que é despedir-me dela, nunca vou saber. A mãe saiu de casa como se fosse voltar no dia seguinte. Mas não voltou. E o tempo não anda para trás."

Apesar de ser escritor e editor, o filho de Sontag preferiu não tirar notas durante a doença da mãe, porque achou que isso provocaria um distanciamento da realidade. Se a mãe não tinha qualquer artimanha de proteção, se a dor e o luto fazem parte do processo, então ele não faria batota. No artigo do jornal, explica: "Durante muito tempo, após a morte da minha mãe, achei que não iria escrever sobre o tema. Acredito que, caso me tivesse despedido dela, não estaria a escrever agora. Não estou a falar daquilo a que, nos Estados Unidos, se chama '*closure*', a ideia de que, de alguma forma, há uma maneira de circunscrever um acontecimento com uma linha psicológica e, como diz a expressão, de 'seguir adiante'. Não acredito que haja algo assim. Se há, não tenho acesso a isso. Ao escrever, sei que estou a fazê-lo para mim, mais ninguém. As memórias, como os cemitérios, são para os vivos".

Há de vir um Natal e será o primeiro
em que não viva já ninguém meu conhecido

Depois de sairmos para a escola, a cabeleireira do Salão Lena, que apareceu para arranjar o cabelo da minha mãe, chorou assim que sentiu os caroços na cabeça da cliente. Estavam atrasados para apanhar o avião, a ambulância à espera, mas a minha mãe demorava-se, não queria ir embora, e entrou em cada quarto, falou com os móveis, despedindo-se da vida que ali tivera e que eu havia de procurar na primeira vez que regressei a casa após o funeral.

"Vou, mas nunca mais aqui volto", disse. E, em seguida, para a minha avó: "Não estou maluca, nunca mais te vou ver".

O meu pai e o meu padrinho ajudaram-na a descer as escadas. Tinha o casaco de peles vestido e foi empurrada numa cadeira de rodas. Nesse instante, os filhos estariam na escola. Continuava a chover. E, ainda que a ambulância tenha seguido para o aeroporto, nunca mais se apagaram as luzes azuis naquela sala.

London town is falling down

Durante quinze dias, aquele homem saía bem cedo da casa do amigo, onde estava hospedado, para atravessar a megalópole estrangeira do céu sem cor. Um autocarro, três linhas de metro, milhões de pessoas em movimento. Quando imagino esse percurso, ele está sempre no sentido contrário dos outros, como alguém que caminha para uma cidade deserta e em chamas durante a sua evacuação. No hospital, detinha-se diante das escadas. Ao pensar que, chegando lá acima, poderia encontrar uma cama vazia, retardava o primeiro passo. Mas, assim que começava, subia os degraus em corrida, já não com medo de saber, mas com pressa. Uma ou outra vez, porém, ao entrar no corredor, não conseguia seguir adiante. Perguntava às enfermeiras. E só entrava no quarto quando lhe confirmavam que a cama não estava vazia.

Durante quinze noites, aquele homem teve de deixar, na cama do hospital, a mulher a quem tinham tirado parte do intestino, mudar três vezes de linha no metro e apanhar o autocarro para casa do amigo. Quando imagino essa viagem, apesar de todas as luzes públicas e dos faróis no trânsito, a solidão do homem é invisível para as pessoas na rua, e ele vai desenlaçando o fio de Ariadne que lhe permitirá encontrar o caminho de volta ao hospital no dia seguinte. O amigo preparava o jantar e tentava animá-lo com histórias da juventude no Estoril. Na manhã seguinte, de novo o medo das escadas e da cama vazia.

Assim que chegara a Londres, a minha mãe fora submetida a uma colostomia. Colocaram-lhe um saco no exterior do corpo. Era a negociação final com o cancro. Sem mais saídas, estava disposta a viver com o embaraço e o incómodo. Os médicos não davam esperanças ao meu pai. A operação não trouxera melhoras e o estado dela agravava-se, um tique-taque decrescente de noites numa cidade estranha, num quarto de hospital com janelas para a chuva, e nos corredores as conversas das enfermeiras numa língua que ela não percebia.

De manhã, o marido aparecia e desenhava-a nos blocos de papel do hospital, chamava-lhe Zinha. Mas, à falta de um registo fidedigno daquilo que falavam, imagino a minha mãe a reproduzir as palavras que a mulher de C. S. Lewis lhe disse nos últimos dias de vida: "Mesmo que morrêssemos exatamente no mesmo instante, contigo aqui a meu lado, essa não seria uma separação diferente daquela de que tens agora tanto medo". Trata-se de uma tentativa de proteger quem fica, mas também de uma mentira. A perda maior é de quem morre, sem dúvida. Os vivos, afinal, continuam vivos. Mas, não morrendo no exato instante do outro, sobra para eles o restolho da separação. O luto, já se sabe, é um labor dos que ficam. Nunca se viu um morto a chorar num velório.

Julgo por isso ser mais provável que a minha mãe tenha dito "Zinho, dás-me água?" ou "Não quero morrer".

Todos os dias o meu pai pegava no telefone do quarto do hospital e ligava para casa. Certa tarde, sabendo que tínhamos chegado da escola, perguntou à minha mãe se queria falar com os filhos. Ela disse que não. Receava um colapso. Não queria esmagar-nos na derrocada. Tinham sido várias operações, ciclos de radioterapia, um hospital a dois mil quilómetros de casa. Tão nova e tão mutilada. Tão nova e prestes a morrer. O cérebro sabe como agir quando a dor psíquica se torna insuportável. E talvez esse protocolo de emergência se tenha ativado quando o meu pai lhe quis passar o telefone.

De noite, as regras do hospital não permitiam que o marido ficasse. Ela permanecia entre a vigília e o nada, com os sonhos e a perceção ensopados em morfina. Uma cidade por descobrir lá fora e ela numa cama, sem poder levantar-se e espreitar ao menos o parque de estacionamento, onde a chuva, como um enxame de insetos, convergia para as luzes azuis de uma ambulância.

A última vez que ouvi a voz da minha mãe foi numa manhã do final de fevereiro, enquanto jogava Monopólio, há mais de trinta anos. Haverá alguma forma de guardá-la como fiz com as luzes azuis?

Durante duas semanas, os filhos acordavam para ir para a escola, faziam os trabalhos de casa e viam televisão antes de dormir. Uma tarde, a avó foi atender o telefone e, uns minutos depois: "Venham cá falar com a mãe", mas logo de seguida: "Ela agora não pode", e nós a regressarmos ao jogo de Pac-Man — tudo o que podíamos fazer para resgatá-la.

Quinze dias que, durante anos, julguei serem dois meses, talvez um período escolar inteiro.

Na segunda-feira, dia 12 de março de 1985, a avó Margarida, que tinha feito a mala e queria ir para Londres, falou com a filha ao telefone. "Nem parecia a voz da tua mãe, estava tão cansada", disse-me. Como era a voz dela? Como era a voz do seu cansaço ou entrecortada por um soluço? Como era a sua voz se bebesse dois copos de espumante? Qual o tom do riso? Cantava ao estender a roupa? Como era a voz da minha mãe quando me chamava? Como dizia o meu nome?

"Não quero que venhas, quem precisa de ti são os meninos", disse. Depois começou a chorar e desligou o telefone.

"Nessa tarde", contou-me a avó Margarida, "fui à loja de roupa e comprei um casaco e um lenço. Tudo preto."

Antes de anoitecer, um médico preparou o meu pai. No imaginário que a família construiu, e quase como uma parábola, consta que uma enfermeira espanhola autorizou que o marido ficasse além do fim do período de visitas. Também sugeriu que se atrasasse o relógio de parede, de forma que a minha mãe não estranhasse a presença dele e não percebesse a proximidade do fim. Quando, por instantes, o seu entendimento sobreveio ao sono da morfina, ela reparou que era de noite na janela — as luzes azuis, sempre as luzes azuis — e disse: "Zinho, ainda estás aqui?". Não sei se a história do relógio é verdadeira, ou sequer se a minha mãe, drogada e moribunda, conseguia ver números e ponteiros. Mas a suposição do recuo do tempo, tão alegoricamente simples, não deixa de ser poderosa.

Lembro-me de acordar a meio dessa noite e chorar. Não era uma premonição, mas um hábito que adquirira desde que ela fora para Londres. Na cama, sentei-me sobre os calcanhares, dobrei-me para diante, como um muçulmano respondendo ao chamamento para a oração, e comecei a rezar. Oferecia-me plenamente. Eu era a jugular no pescoço de Isac, sob o gume da faca do pai. Em troca do sacrifício do meu corpo, deus operaria a minha mãe com os seus dedos invisíveis, que estavam em todo o lado e que tinham criado o universo e os animais; ou rebobinaria a existência até ao dia em que ela recebera o diagnóstico, alterando o resultado dos exames, porque nos livros de quadradinhos o Super-Homem também invertera o movimento de rotação do planeta e o tempo voltara para trás. Mas nem deus nem o Super-

-Homem. Só nos restava uma enfermeira a rodar os ponteiros. A minha mãe morreu às três da manhã. Nas horas atrasadas do relógio, ela ainda estava viva.

Os últimos momentos e palavras são quase sempre irrelevantes e prosaicos. Serão mais aqueles que dizem, assustados: "Parem, isto não devia acabar assim, posso começar outra vez?", do que aqueles que entram magnificamente na noite escura, declamando epitáfios sobre o sentido da existência. Segundo o arquivo familiar, a minha avó conta: "A mulher que o teu pai mais amou morreu-lhe nos braços." As últimas palavras da minha mãe: "Cuida dos meninos, Zinho".

Embora o homem que escreve este livro desconfie do tom de profecia e melodrama desta última frase, também sabe que o miúdo que rezava a meio da noite, a fim de fazer recuar o tempo, precisava de acreditar que a mãe se despedira dos filhos quando o relógio já não conseguia impedir que, a qualquer momento, fossem três da manhã.

Era o homem mais sozinho de Londres quando passava um minuto das três, num quarto cheio de luzes azuis e o cadáver da mulher na cama. Mas ninguém a quem dizer: "A Zinha morreu". Um homem que teve de a deixar no hospital, entregue a estranhos, que pegariam no corpo e o levariam para a morgue enquanto falavam de um programa de televisão ou da previsão meteorológica. Três linhas de metro e um autocarro para regressar a uma casa que não era a sua. Ligou para Portugal, ao Jaime, também conhecido como o Surdo, seu amigo de juventude, e pediu-lhe um favor. Seguiram-se os trâmites da transladação, os telefonemas para a transportadora aérea e para a funerária. Explicaram-lhe que, por causa da cirurgia recente, a mulher seria embrulhada num saco especial que evitaria vazamentos durante o voo. Não dormiu nem comeu. Fez a mala e esperou.

No dia seguinte, o amigo em casa de quem estava hospedado levou-o ao aeroporto. O meu pai esperou na sala de embarque e entrou no avião sabendo que, nas duas horas e meia que se seguiam, a sua mulher morta estaria no porão, debaixo dos seus pés, viajando a três quilómetros da face da terra onde seria enterrada.

Não há nada de épico nas circunstâncias desses quinze dias que o meu pai passou em Londres. Não ganhou uma guerra nem descobriu um continente. E constatou que não podia oferecer-se em sacrifício, muito antes que a avó Margarida descobrisse que as leis da Natureza não poupam ninguém: "Só não lhe deu a vida porque não podia". No entanto, nenhum dos heróis de todas as lendas, livros e filmes da minha infância atravessaram a cidade, na manhã de 13 de março de 1985, ou se levantaram da carruagem de metro, sem se deixarem ir até ao fim da linha, porque era preciso que alguém fizesse os telefonemas e ouvisse que a defunta de nome Rosa Maria tinha de ser transportada num invólucro antitóxico; nem Hércules nem Batman nem John Rambo tiveram de meter a roupa da mulher na mala e decidir se a escova de dentes dela ficaria num país estrangeiro ou se a levariam consigo; não tiveram de entrar num avião para, horas mais tarde, encarar os filhos sem mãe.

Ao meio-dia de 13 de março, o Surdo e a Patrícia, sua mulher, tocaram à campainha de nossa casa. Porque não recebera um telefonema de Londres nessa manhã, a avó Margarida abriu a porta e disse: "A minha filha morreu". Minutos depois, pediu-lhes: "Vão buscar os meus netos ao colégio, quero-os ao pé de mim".

O Surdo foi esperar o meu irmão, mas deixaram que eu apanhasse a carrinha e chegasse mais tarde. Talvez achassem prudente que não estivéssemos juntos. Fosse qual fosse a estratégia, ninguém informa uma criança, "A tua mãe morreu", sem sentir que está a dizer "Eu sou o mensageiro da demolição do teu mundo". A Patrícia ficou à minha espera na porta do prédio. O Surdo levou o Pedro para o terraço do apartamento onde andávamos de patins.

"Já sabia o que ele me ia dizer. Eu tinha uma fotografia da mãe comigo, fui buscá-la assim que cheguei a casa e andei com ela na carteira anos a fio."

Regresso pela terceira vez, em poucos meses, à porta do prédio onde o Pedro pegou na fotografia. Nessa tarde de 1985, saí da carrinha da escola e a Patrícia tirou-me a mochila das costas, deu-me a mão para atravessarmos a rua e disse-me que íamos lanchar. Entro agora na pastelaria que mudou de nome e que não tem a mesma fragrância vaporosa de casacos molhados e massapão, mas sento-me virado para a porta, como nessa tarde, à mesa que julgo mais próxima do lugar onde a Patrícia também se sentou, esperando que chegasse o meu leite com chocolate e um bolo, antes de dizer: "Sabes que a tua mãe estava a sofrer, não sabes?". E não foi preciso dizer o resto para que eu começasse a chorar. "Ela agora já não está a sofrer mais." As mesmas duas frases que o Surdo disse ao meu irmão. Tantos romances de mil páginas e odes poéticas e, no entanto, a Patrícia e o Surdo, nos arredores indistintos da capital de um pequeno país, compuseram com coragem e a quatro mãos a *magnum opus* das mensagens que ninguém quer dar.

Em 1582, na transição do calendário juliano para o gregoriano, eliminaram-se dez dias, passando-se diretamente de 4 de outubro para 15 do mesmo mês. Também o tempo entre a chegada do meu pai a Lisboa e a missa do sétimo dia é para mim uma subtração resultante da passagem entre duas eras — antes e depois da mãe. Nada mais que imagens avulsas e um sentimento de desnorte. Ninguém atrasara o relógio. Dessa vez estava apenas escangalhado. E eu perdido no tempo.

Durante esse período fiquei em casa de uma amiga da minha mãe, cujo filho tinha a minha idade e que vivia com o marido e os pais, todos regressados de África após a revolução. A minha família achara melhor poupar-me à desolação dos rituais fúnebres. Não era a primeira vez que ali ficava, mas o que antes eram fins de semana a brincar com Legos e a jogar futebol tornara-se um conto de suspense, não tanto de terror, uma vez que não temia abrir as portas e encontrar um monstro, mas sim o vazio em cada uma das divisões. Por mais que abrisse portas, a minha mãe nunca estava à minha espera. Nem o pai, o irmão, a avó.

Fui acolhido por aquela família, mas o cuidado com que me tratavam, temendo que a qualquer momento me desfragmentasse, só piorava a sensação de vagar pelo espaço sideral. Nessa casa velha, cujas traseiras davam para um bosque, tudo estava envolvido pelo nevoeiro. Nódoas de humidade nas paredes rumorejavam como as patas dos insetos. O papagaio que tinham trazido de Angola perdera as penas, deixara de dizer "Viva o Benfica". Não me lembro de uma conversa, de um episódio, apenas do claro esforço que faziam, durante as refeições na sala, para que a morte da mãe não assomasse nos meus olhos em lágrimas. Mas eu só chorava quando estava sozinho no quarto. Nunca lhes perguntei quando a minha família me iria buscar. Temia que a pergunta mais apropriada fosse: "Será que me vêm buscar?". Passava horas a chutar uma bola contra o muro no quintal, pensando: "Se acertar três vezes naquela mancha de musgo, eles chegam hoje e a minha mãe vem dentro do carro".

Enquanto o meu irmão foi com a avó Margarida esperar o pai ao aeroporto, e esteve no velório, eu existia numa casa assombrada pela neblina e pela incerteza. Esse tempo que falta na minha cronologia do luto deve encontrar-se no mesmo lugar onde estão os dez dias que desapareceram do calendário de 1582. Um universo paralelo onde tudo será possível e onde um miúdo de oito anos ainda chuta uma bola contra o muro, assustado e furioso com a suspeita de que deus lhe trocara as voltas: em vez do regresso da mãe, a sentença de ficar ali para sempre.

Regressei a casa depois da missa do sétimo dia. Fui procurar a minha mãe em todas as divisões, deixando para último o seu quarto. Espreitei debaixo da cama, abri os armários, vi atrás da mesinha da televisão. "O que é que andas a fazer?", questionou alguém, mas não era a voz dela. Quando me virei, o meu pai deve ter intuído na cara do filho a resposta para a sua pergunta e agarrou-se a mim. Quando parámos de chorar, ele abriu a mala e, em cima do casaco de peles da minha mãe, estava um jogo eletrónico com três ecrãs que ninguém na escola jamais imaginara. Na Inglaterra não tinham salvado a mãe, mas mandavam paliativos futuristas para o filho. Nas semanas seguintes, passei horas a tentar que um macaco se desviasse de cocos enquanto saltava de ecrã em ecrã. Se o macaco comesse um certo número de bananas, ganhava uma vida extra. E, sem que ninguém se apercebesse, comecei a comer todas as bananas que apanhava na cozinha.

De noite, ao lado do meu pai, deitava-me no pedaço da cama onde ela dormira. Depois da escola fechava-me dentro do armário com a sua roupa, apenas uma fresta de luz para que pudesse ver os três ecrãs do jogo. Com a cabeça sobre o casaco de peles, faria saltar aquele macaco até ele me confiar a vida extra de que a minha mãe precisava.

13 de março

Paramos o carro diante da casa da avó Margarida e ela aparece no pátio, apoiada na muleta que foi do meu avô. Tem o cabelo penteado, um blazer azul e uma camisola escura na qual, sobre o peito, pende um fio de prata. Reparo nos brincos e nos sapatos. Hoje não há bata nem socas nem cabelo desgrenhado. Traz um saco com panos e lixívia, que usaremos para limpar a campa, e com a outra mão segura as flores de plástico cor-de-rosa.

No cemitério, há um prenúncio de chuva. O vento despenteia-nos. Temos a pele da cara fria e viscosa como o mármore dos jazigos. Além do coveiro, abrigado na sua cabine, não há mais ninguém. Nessa solenidade fúnebre, onde tudo é silêncio e respeito, os gestos vulgares, como ir buscar baldes e vassouras, tornam-se fundamentais, e estamos conscientes de cada movimento. A rotina é a mesma: a avó Margarida beija a fotografia na campa da filha e depois passa dois dedos sobre o vidro que a protege. "Ai, filha, filha", suspira, e vira-se para mim: "Tenho lá uma foto igual a esta, mas grande, no meu quarto, quando eu morrer fica para vocês." Sobre a campa há um coração de mármore que diz: "O amor eterno dos teus filhos". O Pedro vai encher os baldes com água enquanto eu começo a arrancar as ervas nas cunhas da pedra.

"Essa aí atirou-se para a linha do comboio", diz a avó Margarida, apontando com a cabeça para a lápide de uma mulher chamada Irene. "Como foi uns dias a seguir à morte da tua mãe, as miúdas da loja pensavam que tinha sido eu." O Pedro lança a água do primeiro balde e eu despejo a lixívia. Cada um pega numa vassoura e começa a esfregar o mármore. "E aquela ali trabalhava no salão da Lena, era ela que vos cortava o cabelo. Tinha-se metido com um preto, que a pôs a render na rua, e atirou-se de um prédio." Olho para o meu irmão sem dizer nada, ambos reconhecemos este pendor da avó para saber todas as desgraças, suicídios, doenças terminais e mortes violentas. "Cuidado com a lixívia na roupa", diz ela. Mas eu continuo a esfregar sem cuidado, com afinco, e os primeiros pontinhos brancos aparecem nas calças.

Vim aqui sozinho apenas uma mão-cheia de vezes. Nunca reconheci que debaixo desta terra estava a minha mãe. Não me assusto com cemitérios, não acredito na vida após a morte, não acho que a minha mãe nos esteja a ver num lugar premiado com a eternidade. Mas esfrego a campa como se quisesse mostrar-lhe que me importo e assim preenchesse o oco de tudo o que nunca pude fazer por ela. O que faz, afinal, um filho pela sua mãe? Não sei. Por isso esfrego cada mancha, elimino todas as ervas, permito que a lixívia deixe a sua marca irremediável nas calças. Estar aqui é reconhecer o que não tem conserto. Os cemitérios só servem para nos recordar que os mortos estão mortos e a falta que nos fazem. E se os Cristos ou as estátuas de Nossa Senhora, ao nosso redor, nada me dizem, é porque há mais transcendência em esfregar o mármore desta campa do que em todos os altares de talha dourada no mundo. Talvez seja isto a espiritualidade: aceitar a impermanência e a finitude no meio de tantos mortos e, ainda assim, acreditar que chegamos até eles se mancharmos as calças de lixívia e esfregarmos a pedra até que nos doam as mãos apertadas no cabo da vassoura.

Seguindo as instruções da minha avó, recolhemos as flores velhas, de plástico desbotado, colocamos as que ela trouxe e que também perderão a cor por causa do sol e da chuva e do vento. Quando penso na nossa ausência, nos milhares de dias em que ninguém esteve aqui, falando com a fotografia na campa, mudando as flores e limpando a pedra, percebo que esses são também os milhares de dias em que ela não esteve viva.

A minha avó beija a fotografia, diz: "Minha querida filha, já não podemos fazer nada por ti", e coxeia na direção da saída, deixando-me a sós, enquanto o meu irmão vai arrumar as vassouras. Depois é a minha vez de sair dali, permitindo que ele fique sozinho diante da campa. É que, embora limpemos o mármore em conjunto e se dividam as tarefas como se fôssemos uma família habituada à proximidade e à colaboração, a verdade é que precisamos de estar sozinhos nos segundos que permanecemos frente a frente com aquela fotografia na campa.

Quando pouso os baldes junto da cabine do coveiro, olho para trás e vejo o meu irmão, já não o rapaz revoltado porque não se despediu da mãe, o adolescente que não tinha medo de morrer ou o pai cujo filho tem os mesmos olhos da avó que nunca conhecerá. Na solidão dele, vejo-me a mim. Um homem com mais de quarenta anos, diante de uma campa, que continuará a regressar aqui duas vezes por ano. Vejo aquilo que nos une e que por vezes nos transforma na mesma pessoa, algo tão inextinguível como a voz da mãe que, mais do que numa cassete, percebo agora estar em nós, naquilo que ainda recordamos dela, quando o Pedro menciona o porta-moedas para comprar as bolas de berlim ou quando escrevo sobre o desconhecimento da sua voz. Mesmo quando pensamos na sua ausência, estamos a afirmar a sua presença. A minha mãe é agora aquilo que os filhos se tornaram, este livro ou os versos muitos antigos de Yehuda Halevi:

É uma coisa assustadora
amar o que a morte pode tocar
É uma coisa humana, o amor,
uma coisa sagrada, amar
o que a morte tocou

Rosa Maria

Três gerações no almoço de véspera de Natal: avó, netos e bisneto, com um salto pelo meio. Falta uma mãe. Trinta e dois natais sem mãe. E a minha avó a dizer que o bisneto tem os olhos da filha que morreu. Estamos num restaurante onde o rio encontra o mar. O céu e as ondas têm a mesma cor do cimento do pontão. Pergunto à minha avó se ela se lembra do último Natal que passámos juntos, quando a minha mãe era viva, e dou-me conta de que o meu sobrinho está ainda mais parecido com o meu irmão — mais parecido com a nossa mãe.

Um navio azul sai da barra do Tejo e a minha avó diz que gostaria de atravessar a ponte mais uma vez antes de morrer. "Tempos que vão e não voltam", diz. "Muitas vezes passei por aquela ponte quando vinha visitar-vos. Queria tanto atravessá-la antes de morrer."

Diz-nos que a Bertelina morreu na banheira e que a Caréu "também já lá está". Não sei de quem fala. Mas não são os únicos mortos que menciona ao longo da viagem. Numa das curvas da marginal, conta-nos que estava grávida da minha mãe quando o farol da Gibalta desabou sobre um comboio e matou dezenas de pessoas. Percebo que essa enumeração de desgraças e óbitos tem algo em comum com a minha tentativa de imaginar, nas feições e nos olhos do meu sobrinho, as crianças que éramos antes da morte da nossa mãe. A minha avó não quer morrer, e eu quero que tudo o que fomos se mantenha vivo.

O meu sobrinho nasceu em 2012. A minha avó em 1934. Na despedida, ele olha-a com a desconfiança e a curiosidade com que os miúdos estudam os velhos e as pessoas mascaradas de Pai Natal, sem perceber ainda que, um dia, também ele irá encontrar um sentido ao dizer que tem os mesmos olhos do pai, os mesmos olhos da avó Rosa, que só conheceu das fotografias.

Penso sugerir ao meu irmão que tomemos o caminho da ponte, tentado pelo simbolismo de fechar esta viagem com três gerações da família a cruzar o Tejo e rumando ao Algarve como se, em vez de véspera de Natal, este fosse o verão de 1984. Mas o meu irmão tem bilhetes para ir ao cinema com o filho e eu quero escrever. Ou talvez aquilo que me demove seja a maior das evidências: "Tempos que vão e não voltam".

Tal como não consegui recuperar a ficha clínica ou as cassetes com a voz da minha mãe, há sempre algo que ficará por fazer e recordar.

O meu sobrinho tem os olhos do meu irmão, que eram os olhos da minha mãe. Eu só queria recordar como era a sua voz.

Uma noite, em Nova York, alguém me falou de um ditado judeu: "Deixa o teu filho ir o mais longe que puder, só então vai ao seu encontro e trá-lo para casa".

Fui o mais longe que consegui, mas a minha mãe não foi buscar-me. E tardei décadas até procurar o caminho de volta para ir ao seu encontro.

Essa é uma viagem que se faz sozinho.

Quando, há trinta e dois anos, regressei a casa e fui procurar a minha mãe em cada quarto, comecei a esquecer a sua voz. Não tenho o casaco de peles, os desenhos do hospital ou as cassetes. Mas, porque somos aquilo que recordamos, nesse dia passei a ser também a sua voz, a sua memória, essa coisa humana — essa coisa assombrosa — de podermos amar aquilo que a morte tocou.

ESTA OBRA FOI COMPOSTA PELA SPRESS EM ELECTRA E IMPRESSA EM OFSETE
PELA GRÁFICA PAYM SOBRE PAPEL PÓLEN SOFT DA SUZANO S.A.
PARA A EDITORA SCHWARCZ EM JULHO DE 2021

A marca FSC® é a garantia de que a madeira utilizada na fabricação do papel deste livro provém de florestas que foram gerenciadas de maneira ambientalmente correta, socialmente justa e economicamente viável, além de outras fontes de origem controlada.